Eigel Wiese

KREUZFAHRTSTADT HAMBURG

Eigel Wiese

KREUZFAHRTSTADT HAMBURG

Die Metropole der Traumschiffe

Koehlers Verlagsgesellschaft mbH · Hamburg

Fotos: Eigel Wiese, soweit nicht anders angegeben.

Ein Gesamtverzeichnis der lieferbaren Titel schicken wir Ihnen gerne zu.
Bitte senden Sie eine E-Mail mit Ihrer Adresse an:
vertrieb@koehler-books.de
Sie finden uns auch im Internet unter: www.koehler-books.de

Bibliografische Information der Deutschen Nationalbibliothek
Die Deutsche Nationalbibliothek verzeichnet diese Publikation in der Deutschen Nationalbibliografie; detaillierte bibliografische Daten sind im Internet über http://dnb.d-nb.de abrufbar.

ISBN 978-3-7822-1028-7

Layout und Produktion: Inge Mellenthin
Produktionsmanagement: impress media GmbH, Mönchengladbach

Printed in Germany

INHALT

1864 1939
Schulauer Fährhaus
WILLKOMM-HÖFT
welcome point

AUF DER ELBE IN DIE »SCHÖNSTE STADT DER WELT«

Nach dem Empfang am Willkomm Höft (links) grüßt Blankenese mit dem Süllberg zu den Kreuzfahrt-Passagieren herüber.

Als schönste Stadt der Welt wird Hamburg gern von ihren Fans betitelt. Der schönste Weg, sich dieser Stadt zu nähern, führt über die Elbe. Das genießen die Gäste von Kreuzfahrtschiffen immer wieder, wenn sie mit ihrem Schiff, meist am frühen Morgen, in den Hafen einlaufen. Während viele andere Hafenstädte von kilometerlangen Industriegürteln umgeben sind, überwiegt bei der Fahrt elbaufwärts der Eindruck von grüner Natur.

Kurz vor der Landesgrenze erleben die Gäste ein ganz besonderes Ritual. Die Schiffsbegrüßungsanlage von Schulau ist als »Willkomm Höft« bei Seeleuten in aller Welt bekannt, weil es eine solche Einrichtung sonst nirgendwo gibt. Betrieben wird sie von Männern wie Gerhard Kruse, der sich Begrüßungskapitän nennt und so richtig in seinem Element ist, wenn auf der Elbe viel Schiffsverkehr herrscht. Dann spielt er Nationalhymnen, lässt die Begrüßungsflaggen dippen und erklärt den Gästen des Schulauer Fährhauses sowie den Spaziergängern am Fluss, welches Schiff gerade die Elbe passiert. Über die großen Lautsprecher auf dem Landungssteg sind seine Worte weithin zu hören.

Der damalige Wirt des Schulauer Fährhauses, Otto Friedrich Behnke, suchte in den Jahren nach dem Kriege eine besondere Attraktion für sein Lokal am Elbstrand.

Gerhard Kruse ist einer der fünf Begrüßungskapitäne am Willkomm Höft. Er freut sich über regen Schiffsverkehr auf der Elbe.

Rechts
Wenn Schiffe zum ersten Mal den Hamburger Hafen anlaufen, werden sie mit Wasserfontänen eines Feuerlöschbootes begrüßt.

Gemeinsam mit der Nautischen Kameradschaft Hansea baute er 1952 eine Anlage auf, mit der alle Schiffe, die mit mehr als 500 BRT vermessen sind, beim Ein- oder Auslaufen des Hamburger Hafens begrüßt werden. Geht die Fahrt elbaufwärts, dann erklingt das Lied »Stadt Hamburg an der Elbe Auen«, tritt es eine Seereise an, ertönt »Muss i denn …«. Dazu spielt die Nationalhymne, und die Flaggensignale »U« und »W« werden gesetzt. Das versteht jeder Seemann und bedeutet gute Reise.

Fünf Männer sind sie, die sich als Begrüßungskapitäne den Monat über abwechseln – alle arbeiten sie ehrenamtlich. Ihr Arbeitstag ist lang, er beginnt morgens um sieben Uhr und endet bei Sonnenuntergang, also im Sommer auch schon mal nach 22 Uhr.

Ist der Mann in der Ansagekabine, der drei goldene Streifen auf seinen Schulterklappen trägt, ein erfahrener Nautiker, der sein Leben auf den Ozeanen verbrachte? Gerhard Kruse lächelt: »Nein, ich war bis zu meiner Pensionierung Leiter eines Hamburger Ortsamtes. Aber schifffahrtsverrückt bin ich immer gewesen und schon als Jugendlicher mit dem Fahrrad hierher gefahren. Als ich dann in einer Zeitung las, hier würde ein Begrüßungskapitän gesucht, habe ich mich gemeldet und wurde angenommen.«

Die Informationen über all diejenigen Schiffe, die im Laufe eines Jahres das Willkomm Höft passieren, stecken in Hunderten Karteikarten in einem mehrere Meter langen Kasten direkt unterhalb des Fensters mit Blick auf die Elbe. So braucht der Wachhabende auch dann nicht den Blick vom Fluss zu lassen, wenn er die Schiffsdaten heraussucht. Doch die moderne Technik hat auch in der kleinen Kabine Einzug gehalten. Monitore zeigen über Webcams den Blick elbauf- und elbabwärts, andere führen Schiffsdaten und Positionen an. In Regalen stecken Musikkassetten mit gut 200 Nationalhymnen, auf der Erde gibt es 193 anerkannte Staaten. Daneben hängt ein Leuchtglobus, damit der Wachhabende schnell nachsehen kann, wo genau denn so manches exotische Land überhaupt liegt.

Zwar sind auch alle Hymnen auf den Computern gespeichert, aber nicht jeder der Begrüßungskapitäne ist mit der modernen Elektronik vertraut, und so spielt er die Musik doch lieber vom Band. »Außerdem können wir so die Schiffe auch dann begrüßen, wenn die Computer einmal ausfallen«, erklärt Gerhard Kruse.

Während er so von seinem Alltag erzählt, steht die Tür zu der kleinen Kabine immer offen. Gäste des Fährhauses schauen herein und wollen noch zusätzliches zu den Schiffen wissen. So genannte Shipspotter, die als Fotografen ein umfangreiches Archiv zu Schiffstypen pflegen, sind ohnehin

Auf dem Vordeck der Sea Cloud II achtet der Ausguck auf die vielen kleinen Fahrzeuge im Hamburger Hafen. Die Michaeliskirche im Hintergrund ist traditionell die Kirche, deren Turm Seeleute als erste begrüßt. Sie ist daher weltbekannt.

Stammgäste, und so manche Besucher aus dem Binnenland suchen nach Erklärungen für rätselhafte Phänomene, wie jenes, dass die Elbe gerade in Richtung Hamburg fließt, wo doch die Nordsee genau auf der anderen Seite ist. Mit einem Schuss Humor erklärt Gerhard Kruse die Wirkung der Gezeiten. Humor kennzeichnet ihn ohnehin. Das merkt man an den vielen kleinen Geschichten, den »Döntjes«, die er erzählt. Beispielsweise davon, wie manche exotische Nationalhymne ihren Weg nach Schulau fand, welche bekannten Persönlichkeiten ihn schon am Willkomm Höft besucht haben und wie so manche kleine Panne passierte. Aber während er erzählt, hat er immer die Elbe im Blick, bereit, jederzeit das Gespräch zu unterbrechen, um ein Schiff zu begrüßen. Hektisch wird er dabei nicht. Aber die Begeisterung für die Schiffe, die ist bei ihm immer deutlich zu spüren.

Die Stadt Hamburg selbst zeigt sich gleich hinter der Fahrwassertonne 122, die in der Nähe der Landesgrenze liegt, von einer ihrer attraktivsten Seiten. Am 75 Meter hohen Süllberg liegt Blankenese, das »Dorf von Weltruf« in seiner einmalig schönen Lage am Elbhang.

Die Flugzeugwerke und Containerterminals am Südufer der Elbe werden kaum wahrgenommen, denn die meisten Passagiere stehen auf der Backbordseite mit Blick nach Norden, wo sich die Villen an der ebenfalls weltbekannten Elbchaussee entlangziehen, bis die Kirchtürme Hamburgs ins Blickfeld geraten. Denn noch immer beherrschen sie das Bild der Hamburger Innenstadt.

Ganz gleich, an welcher der Kaianlagen das Schiff festmacht, ob am Kreuzfahrtterminal Altona oder etwas weiter elbaufwärts in der HafenCity, von den Liegeplätzen erreicht man in kurzer Zeit die City mit einem vielseitigen

kulturellen Angebot und anspruchsvollen Einkaufsmöglichkeiten.

Nur wenige Minuten vom Terminal HafenCity entfernt liegen solche beliebten Touristenattraktionen wie das Miniatur-Wunderland, das Prototypen-Museum, das Internationale Maritime Museum, nach seinem Gründer auch Tamm-Museum genannt. Es gibt überall Gastronomie, schnelle Verbindungen zu den Musical-Bühnen der Stadt sowie zu den großen Museen und Kunstsammlungen. So lieben es Kreuzfahrtgäste. Wegen der Attraktivität der Stadt gehen knapp ein Drittel aller Kreuzfahrtpassagiere nicht gleich an oder von Bord, um nach Hause zu reisen. Sie beziehen stattdessen die Stadt selbst in das Reiseerlebnis mit ein. Dabei bleiben sie statistisch gesehen zwei Nächte länger in Hamburg als die Kreuzfahrt dauert, zwei Drittel von ihnen buchen eine Hotel-Übernachtung. Wie viel Geld sie dabei in Restaurants und Geschäften ausgeben, ist nur schwer festzustellen. Fest steht jedoch, Hamburg ist der deutsche Kreuzfahrthafen mit der höchsten Wertschöpfung.

Aber nicht nur Kreuzfahrt-Passagiere genießen die Vorzüge der Hansestadt, auch Reedereien schätzen die maritime Kompetenz von Hamburger Unternehmen und Behörden. Werften, Schiffszulieferer, Dienststellen und Hafenagenten haben sich auf die Passagierschifffahrt eingestellt.

Reedereien, die eine besondere Veranstaltung rund um ihr Schiff planen, ganz gleich, ob es sich um eine Taufe oder ein Jubiläum handelt, können zudem sicher sein, dass dies Ereignis nicht unbeachtet bleibt. Hamburger und ihre Gäste von auswärts strömen auch bei schlechtem Wetter zu Tausenden an die Elbe, um mitzufeiern.

Alle zwei Jahre gibt es in Hamburg ein großes Fest nur für Kreuzfahrtschiffe. Die mehrere Tage dauernden Hamburg Cruise Days enden mit einer Auslaufparade, bei der die schönen Schiffe mit nur jeweils einer Schiffslänge Abstand an den Landungsbrücken vorbeiziehen.

Wer kein Deutsch spricht, fühlt sich in Hamburg trotzdem nicht verloren. Die Durchsagen in U- und S-Bahnen sind zweisprachig, ebenso wie viele Hinweisschilder. In den meisten Geschäften wird mehr oder weniger gut Englisch gesprochen, werden internationale Kreditkarten akzeptiert und ist die Abwicklung von Tax-Free-Geschäften kein Problem. Als weltoffen gilt die Stadt ohnehin bereits seit Generationen.

So ist Hamburg zwar nicht der deutsche Hafen mit den meisten Kreuzfahrtanläufen, auch wenn die Zahl von Jahr zu Jahr steigt. Aber die Stadt entwickelt sich zur Kreuzfahrthauptstadt der Herzen, zu einer Stadt, in der diese Schiffe besonders intensiv wahrgenommen und mit viel Sympathie begrüßt werden.

In Hamburg einzulaufen, ist für Passagiere ein besonderes Erlebnis. In Höhe Oevelgönne liegen die Traditionsschiffe des Museumshafens (links), dann folgt die »Krone« der Hamburger Kirchtürme und kurz vor dem Terminal HafenCity grüßt die Galionsfigur des Museumsschiffes RICKMER RICKMERS.

Rechts
Im Verwaltungsgebäude der Reederei HAPAG an der Binnenalster entstand die Idee, Kreuzfahrten anzubieten.

Nachdem die Passagiere die Gangway heruntergegangen sind, erwartet sie eine freundliche Hostess in blauem Kostüm, die Umschläge an alle diejenigen verteilt, die mit dem Shuttlebus vom Kreuzfahrtterminal aus in die Hamburger Innenstadt fahren wollen. Einen Tag lang haben die Gäste Zeit, sich die Hansestadt an der Elbe anzuschauen, und der Inhalt des Umschlages gibt ihnen Tipps, wie sie diesen Tag verbringen können. Er enthält beispielsweise einen Stadtplan für all diejenigen, die nicht an einer der Stadtrundfahrten teilnehmen, sondern sich diese Stadt auf eigene Faust erobern wollen. Hinweise zur Hamburg Card mit vergünstigten Fahrten in Bahnen und auf Fähren und zum Eintritt in Museen finden sich ebenso wie Restauranttipps und eine Broschüre, die beschreibt, wo man die Hafenstadt in all ihren Facetten vom modernen Umschlag bis zu den gut erhaltenen Traditionsschiffen erleben kann.

Den Festmachern scheint dieses Aida-Schiff ein Begrüßungsküsschen zu geben.

Es gibt auch Touristen, die gehen zu Fuß von Bord und streifen einfach durch die HafenCity und Speicherstadt mit ihrer bunten architektonischen Mischung aus Speichern und Bürogebäuden des 19. Jahrhunderts bis hin zur großen Spielwiese der Architekten des begonnenen 21. Jahrhunderts. Denn auf der derzeit größten Baustelle Europas entsteht ein völlig neuer Stadtteil in unterschiedlichen Architekturstilen.

Wer Museen besuchen will, hat es vom Kreuzfahrtterminal aus nicht weit. Eintrittskarten für das Miniatur-Wunderland und das Prototypen-Museum, zwei Ausstellungsräume, die in unmittelbarer Nähe des Terminals HafenCity liegen, werden schon im Terminal verkauft. Weitere Angebote sollen folgen.

Aber auch weiter in der Hansestadt gibt es vielfältiges zu entdecken: Museen, Kunstsammlungen, es bietet sich der Besuch eines der Musicals an, oder man geht einfach nur auf Weltniveau an der Mönckebergstraße, dem Jungfernstieg oder auf dem Neuen Wall shoppen. All dies wird künftig über den eigenen U-Bahnanschluss einer neuen U-Bahnlinie in wenigen Fahrtminuten zu erreichen sein.

IN HAMBURG ENTSTAND GLEICH ZWEIMAL DIE IDEE DER KREUZFAHRTEN

Der Blick der Hamburger war immer schon zur See gerichtet. So ist es kein Wunder, dass die Idee der Kreuzfahrten eine Erfindung von Reedern der Hansestadt an der Elbe ist. Schon 1845 bot der zeit seines Lebens innovativ denkende Robert Miles Sloman an, »im Sommer eines meiner großen Fregatt-Schiffe mit einer Anzahl Passagiere auf eine Expedition um die Welt auszusenden«.

Sloman hatte englische Wurzeln, die Familie stammte aus der Grafschaft Norfolk, sein Vater war Kapitän der Brigg BEAVER, die regelmäßig zwischen der Themse und der Elbe verkehrte. Mit fünf Seglern hatte der junge Robert Miles ein eigenes Reedereigeschäft begonnen und es zielstrebig zur größten Hamburger Reederei ausgebaut. Seit 1836 war auch die Auswanderung über Hamburg offiziell zugelassen, und Sloman hatte von Anfang an die Chancen im Liniendienst von Hamburg nach New York erkannt. 1845 eröffnete er eine weitere Linie von Hamburg nach New Orleans. Der stets unternehmerisch denkende Mann war der erste deutsche Reeder, der ein Dampfschiff über den Nordatlantik schickte.

Er hatte den Plan, seine Fregatte GERMANIA von Hamburg aus um die Erde reisen zu lassen und dabei unter anderem die Häfen Lissabon, Rio de Janeiro, Hongkong sowie die Insel Madagaskar anzulaufen. Doch diese geplante erste Kreuzfahrt der Schifffahrtsgeschichte wurde abgeblasen – es fanden sich nicht genügend Passagiere.

Ende des 19. Jahrhunderts überlegte Albert Ballin, Direktor der Hamburger Reederei HAPAG, wie er seine Passagierschiffe wirtschaftlich besser nutzen könnte. Da sich während der Wintermonate ein wirtschaftlicher Einsatz mit Fahrten über den rauen und stürmischen Nordatlantik nicht lohnte, lagen die großen Passagierschiffe des Unternehmens während dieser Zeit im Hafen und schrieben Verluste. Im Jahr 1891 kam ihm daher der Gedanke, sie für Vergnügungsreisen in wärmere Gebiete zu schicken.

Die Reederei Sloman kam mit ihrem Angebot, Kreuzfahrten zu organisieren, rund 50 Jahre zu früh.

Albert Ballin war im Jahr1886 im Alter von 29 Jahren als Leiter der Passageabteilung zur HAPAG gekommen. Zwei Jahre später hatte er sich im Unternehmen bewährt und wurde in die Direktion berufen. Zu der Zeit besaß die Reederei 37 Seeschiffe mit einer Gesamttonnage von 106.000 BRT. Er kümmerte sich insbesondere um den Ausbau der Passagierschifffahrt. So gab er den Auftrag zum Bau von weiteren Schnelldampfern und ließ neue Linien befahren.

Der Reedereidirektor war Perfektionist. Wenn Ballin auf einem seiner Schiffe reiste, legte er sein Notizbuch kaum aus der Hand. Er notierte Einzelheiten wie die Druckqualität der Passagierlisten, wie gut gebräunt der Frühstücktoast oder ob die Bettlaken schmutzig waren, er bemerkte den Zustand der Spielkarten im Rauchsalon und beschwerte sich über das harte Kissen in seiner Kabine. Kein Detail war zu unbedeutend, dass es seiner Aufmerksamkeit entging, und entsprechend verbesserte sich der Service an Bord seiner Passagierschiffe. Weit mehr als jeder andere Reeder sah Ballin die Möglichkeiten voraus, auch auf See Luxus zu bieten. Er war der Erste, der besondere Innenarchitekten und Küchenchefs auf seinen Schiffen beschäftigte.

Die 1889 in Dienst gestellte AUGUSTA VICTORIA (nach einem Umbau im Winter 1896/97 in AUGUSTE VICTORIA umbenannt) war knapp 110 Meter lang, mit 7.250 BRT vermessen und damit das seinerzeit größte Passagierschiff der Welt. Außerdem enthielt sie eine Reihe wesentlicher schiffbautechnischer Neuerungen. So war sie der erste von zwei Propellern angetriebene Passagierdampfer, gehörte zu den ersten mit einer Dreifach-Expansionsmaschine, die Schottentüren konnten mechanisch verschlossen werden, und in allen Räumen gab es elektrisches Licht. Die AUGUSTA VICTORIA erwies sich sofort als erfolgreich, sie schaffte den Streckenabschnitt zwischen Southampton und New York in sieben Tagen und zwei Stunden. Das war damals eine neue Rekordzeit.

Sie gehörte trotz ihrer Größe zu den schönsten Schiffen ihrer Zeit. Dazu trugen die schlanken Linien und das Segelrigg bei, das an drei nach achtern geneigten Masten Stagsegel führen konnte. Im selben Winkel waren auch die drei Schornsteine geneigt. Ursprünglich sollte sie auf den Namen NORMANNIA getauft werden, aber als die Kaiserin Auguste Victoria ankündigte, sie wolle bei dem Stapellauf dabei sein, entschied die Reederei sich anders.

Albert Ballin schickte die AUGUSTA VICTORIA 1891 als erstes Passagierschiff der Geschichte auf eine zweimonatige Kreuzfahrt von Cuxhaven über Southampton, Gibraltar, Genua nach Kairo, Jerusalem, Damaskus, Konstantinopel (Istanbul), Athen und dann via Malta, Neapel und Lissabon zurück nach Hamburg. In Häfen mit längeren Aufenthalten gab es Ausflugsprogramme, beispielsweise nach Kairo, Jerusalem, Damaskus, Athen und Rom. Unter den 241 Passagieren, die an den HAPAG-Hallen in Cuxhaven an Bord gingen, das damals noch zu Hamburg gehörte, waren neben anderen Ballin selbst, außerdem der Bremer Kaufmann und Politiker Friedrich Achelis, der Hamburger Reeder Carl Laeisz, Christoph Hellwig

Papendieck, einer der einflussreichsten Kaufleute der Gründerjahre in Bremen, sowie Korrespondenten verschiedener Zeitungen.

HAPAG-Generaldirektor Albert Ballin, der mit seinem Charme und Mutterwitz die Passagiere dieser ersten Reise immer wieder entzückte, hatte alles dafür getan, dass sich die Kreuzfahrt-Pioniere an Bord wohlfühlten. Alle Kabinen waren erstklassig, es erschien täglich eine Bordzeitung, es gab abends ein Unterhaltungsprogramm und stets eine erstklassige Küche.

Kaiser Wilhelm II. besuchte das Schiff am Tage der Abfahrt. Die Vision, Menschen zum reinen Vergnügen auf Seereisen zu schicken und nicht wie bis dahin üblich einfach zu transportieren, begeisterte die Reisenden zu jener Zeit – und sie fasziniert bis heute.

Während ihrer ersten Orientfahrt lief die Augusta Victoria 14 Häfen an und wurde überall enthusiastisch empfangen. In Piräus ordnete der König 15 Schuss Salut an, in Istanbul, das seinerzeit noch Konstantinopel hieß, machte der Sultan der Türkei seine Aufwartung, von Alexandria aus besuchten die Passagiere Kairo und die Pyramiden.

Welch eine fremde, unbekannte Welt sich den Teilnehmern der ersten Kreuzfahrt eröffnete, das hielt der Maler und Zeichner Christian Wilhelm Allers fest, der die Fahrt ebenfalls begleitete. Er skizzierte seine Eindrücke nicht nur mit Pinsel und Zeichenstift, sondern schrieb sie auch auf.

Am Ende der Reise gab er einen Bildband mit 90 großen Folioblättern unter dem Titel »Erinnerungen an die Reise der Augusta Victoria in den Orient« heraus. So wie Allers die Landausflüge schildert, glichen sie seinerzeit noch eher Expeditionen als touristischen Ausflügen. So geriet er auf dem Rückweg zum Schiff in einen Schneesturm auf dem Libanon, wäre beinahe stecken geblieben und erreichte mit Müh und Not gerade noch rechtzeitig und glücklich wieder Beirut und das Schiff.

Aufgrund des Erfolges ging die Augusta Victoria 1892 und 1893 auf ähnliche Reisen. 1894 lief sie zur ersten Nordlandreise aus, die bis Spitzbergen führte, 1896 erkundete das Schwesterschiff Columbia erstmals die Inselwelt Westindiens. Als »Vergnügungsreisen« wurden diese Fahrten neben dem Linienverkehr zu einem festen Bestandteil des Angebotes der HAPAG.

1899 war erneut ein wichtiges Jahr in der Geschichte der Kreuzfahrt. Albert Ballin ließ auf der Hamburger Werft Blohm & Voss auf dem Steinwerder das erste Schiff bauen, das ausschließlich für Kreuzfahrten vorgesehen war. Es wurde auf den Namen Luise Victoria getauft. Bei seiner Planung achtete man besonders auf die speziellen Bedürfnisse von Kreuzfahrtpassagieren – außerdem wurde das Schiff viel luxuriöser ausgestattet als die üblichen Passagierschiffe. Ihre Jungfernfahrt machte die Luise Victoria im Jahre 1901 in die Karibik.

Einen besonderen Aufschwung nahm die Idee der Kreuzfahrten während der Zeit des Nationalsozialismus. Im Juli 1933, ein knappes halbes Jahr nach der Machtübernahme durch die NSDAP, verkündete Dr. Robert Ley die Gründung einer Freizeitorganisation, die dem deutschen Arbeiter Erholungsreisen zu günstigen Preisen ermöglichen sollte. Sie wurde »Kraft durch Freude«, im Volksmund kurz »KdF« genannt. Besonders gefragt waren Seereisen. Zu jener Zeit waren Passagierschiffe aber noch in Klassen unterteilt, was als störend empfunden wurde, nachdem die ersten Reisen auf gecharterten Schiffen begonnen hatten. Es

Die AUGUSTA VICTORIA (oben) der HAPAG unternahm als erstes Schiff der Welt eine komfortable Kreuzfahrt. Später folgte die PRINZESSION VICTORIA LUISE.

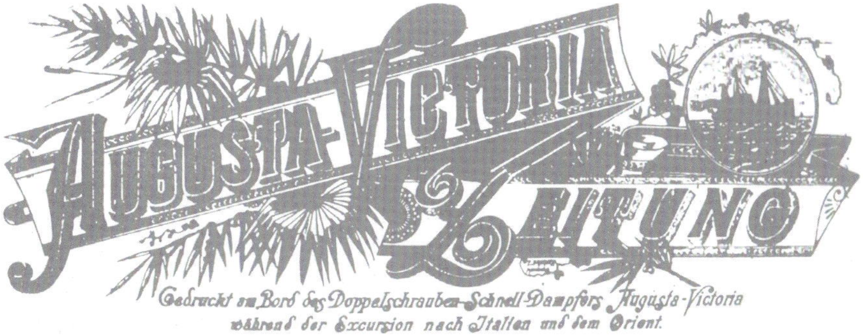

passte nicht in die Vorstellungen eines Einparteienstaates von Volksgenossen. Deshalb beschloss man den Bau eigener, klassenloser Schiffe. Die Bauaufträge erhielt die Hamburger Reederei Blohm & Voss. Eigentümer der Schiffe war die Deutsche Arbeitsfront, bereedert wurden sie von der Hamburg-Süd. Es gab für die rund 1.500 Passagiere ausschließlich Außenkabinen für zwei oder vier Personen. Insgesamt war eine Flotte von 60 solcher Schiffe vorgesehen. Für Reisen in die Nordsee und nach Norwegen war Hamburg der Starthafen.

Die so genannten KdF-Schiffe wie die WILHELM GUSTLOFF machten die Idee der Kreuzfahrten populär.

ES GIBT DREI TERMINALS FÜR DIE TRAUMSCHIFFE

Den ersten Eindruck von einer Stadt bestimmen für Kreuzfahrtpassagiere die Terminalanlagen. In Hamburg gibt es gleich drei Anlegestellen für Passagierschiffe. Am traditionsreichsten ist die Überseebrücke. Sie entstand 1929 als Fortsetzung der St. Pauli-Landungsbrücken speziell für Fahrgastschiffe. Dort wurden in jenen Jahren noch die großen Ozeanliner auf ihren Routen nach Nordamerika abgefertigt. Historische Aufnahmen aus der Zeit vor dem Zweiten Weltkrieg zeigen, dass dort, wo heute die Schiffe für Hafenrundfahrten liegen, noch große Übersee-Passagierdampfer abgefertigt wurden.

Die Überseebrücke blieb jedoch nicht lange erhalten, sie wurde 1943 zerstört. Das war keineswegs eine Folge des Krieges, der große Teile des Hamburger Hafens in eine Trümmerlandschaft verwandelt hatte: Ein Schwimmkran war aus dem Ruder gelaufen und in die Anlage aus Ponton und Brücke gefahren. Sie wurde erst nach dem Krieg wieder aufgebaut und diente lange Zeit als einziger Anleger für Passagierschiffe. Die allerdings hatten damals noch bescheidenere Ausmaße als heute, und es gab erheblich weniger Kreuzfahrtanläufe. Mittlerweile machen an der Überseebrücke eher kleine Kreuzfahrtschiffe mit einer geringeren Zahl von Fahrgästen fest.

Am heutzutage meistfrequentierten Kreuzfahrtterminal HafenCity müssen sich Passagiere in Hamburg derzeit noch mit einem Provisorium zufrieden geben. Das Abfertigungs-

Bis zum Zweiten Weltkrieg legten die großen Überseedampfer noch regelmäßig an den Landungsbrücken an.

Das Kreuzfahrt-Center HafenCity wird in den kommenden Jahren von einem großzügigen Hotel ersetzt. Solange werden die Passagiere in zwei provisorischen Hallen abgefertigt.

gebäude besteht aus einer Halle, deren Seitenwände aus aufgestapelten Containern bestehen. Sie überdeckt eine freitragende Dachkonstruktion. Zur Flussseite sowie zur Landseite geben große Glasfassaden den Blick frei.

In der Halle befinden sich die Abfertigungseinrichtungen für Sicherheitskontrollen, Zoll, Polizei sowie eine Bar und ein Souvenirshop. Als erstes Kreuzfahrtschiff machte dort am 13. April 2004 die A'Rosa Blu fest. Die Zahl der Hamburg anlaufenden Kreuzfahrtschiffe stieg in den folgenden Jahren so stark an, dass schon zwei Jahre später eine weitere

provisorische Halle am selben Kai notwendig wurde, damit zwei Schiffe zur selben Zeit abgefertigt werden können.

Einen guten Überblick über das Geschehen am Terminal erhalten Besucher von dem orangefarbenen Aussichtsturm View Point der HafenCity, der in unmittelbarer Nähe steht.

Wie gelungen das Provisorium auf dem Grasbrook genutzt wird, zeigte sich im Jahr 2009. Da erhielt Hamburg die Auszeichnung »Best Port Welcome« neben Häfen wie beispielsweise Monte Carlo und St. John's auf Antigua. Bewertet wurden in dieser Rubrik unter anderem die Eindrücke der in Hamburg ankommenden Passagiere in Bezug

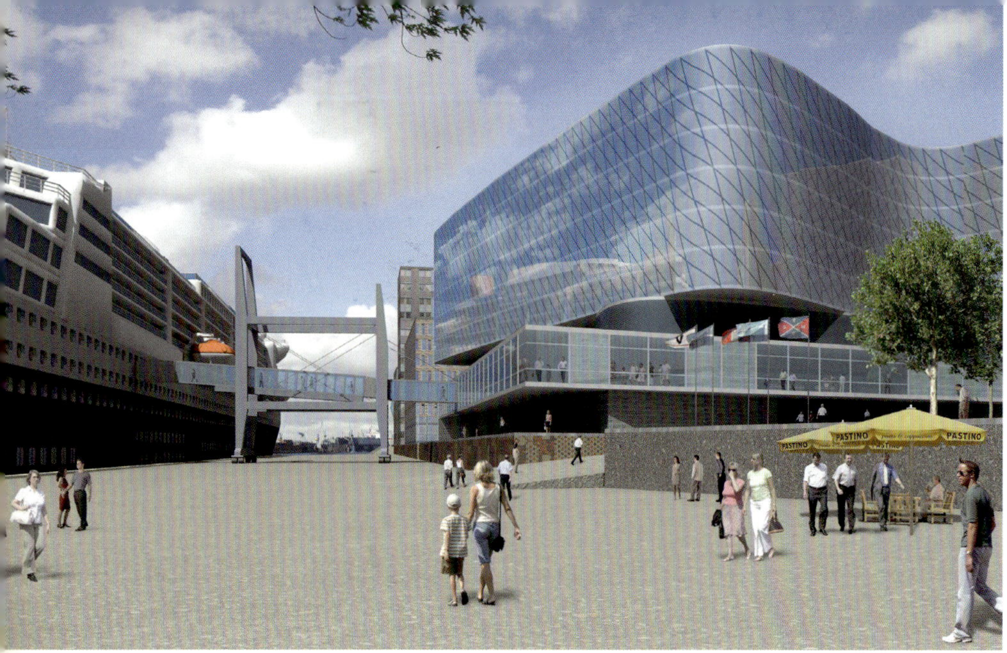

Zum neuen Terminal HafenCity wird auch ein Hotel gehören, von dem aus man einen Blick auf den Hafen in die großen Kreuzfahrtschiffe hat.

auf den Empfangsservice, Kommunikation, Freundlichkeit und Gepäckservice.

Dieser Eindruck der Passagiere wird sich zukünftig noch verbessern, denn die gut bewerteten Dienstleistungen sollen auch in einem angemessenen Gebäude erbracht werden. Geplant ist ein Neubau mit viel Glas sowie freiem Blick auf die Elbe und die Liegeplätze für Kreuzfahrtschiffe. Passagiere, die vor oder nach einer Reise noch in Hamburg übernachten wollen, können dies künftig in einem Hotel, das in das Terminal integriert ist. Wer das Hotel betreiben wird, steht allerdings noch nicht fest.

Der Haupteingang ist am Überseeplatz geplant. Hier werden Hotelgäste empfangen und erreichen über Aufzüge oder eine Treppe die Hotellobby im ersten Obergeschoss mit einem zentralen Innenhof. Darum sind das Hotelfoyer mit der Lobby-Bar, der Konferenzbereich sowie ein Ballsaal angeordnet. Südlich des Innenhofs wird sich das zweite Geschoss des Cruise-Terminals samt Landungsbrücken und dem Wartebereich für Kreuzfahrer befinden. Liegen keine Schiffe am Cruise-Terminal, dann sollen dessen Flächen auch als zusätzliche Veranstaltungsflächen genutzt werden können.

Im Terrassengeschoss, dem dritten Obergeschoss, wird sich ein Restaurant befinden mit Panoramablick über den Überseeplatz bis hin zu den Kreuzfahrtschiffen und über die Elbe zu den Hafenanlagen am Südufer. Auf derselben Etage wird sich der Fitnessbereich mit Pool, Spa und Geräteraum anschließen.

In den darüber liegenden fünf Geschossen sind 431 Hotelzimmer geplant. Durch die Anordnung der Zimmergeschosse genießen sie alle einen gleichberechtigt beeindruckenden Ausblick: auf die Elbe, den Überseeplatz oder zur neuen Elbphilharmonie.

Da die Zahl der Schiffsanläufe in Hamburg weiter steigt, sind auch weitere Liegeplätze notwendig. Der Kreuzfahrtterminal am Edgar-Engelhard-Kai in Hamburg-Altona ist für Schiffe mit einer Länge von bis zu 300 Metern ausgelegt. Im August 2009 konnte der Liegeplatz in Altona bereits erfolgreich eröffnet werden. Der Terminalhochbau mit seinen Abfertigungseinrichtungen wurde gut ein Jahr später fertig.

Das beauftragte Architekturbüro hat das Gebäude bewusst flach gestaltet, damit es den Blick vom dahinter liegenden Elbufer, dem so genannten Altonaer Balkon, nicht verdeckt. Aber auch vom Gebäude selber bietet sich ein guter Blick auf die Elbe. Das Dach ist zugleich eine Aussichtsplattform. Damit viele Menschen zugleich zum Abschied winken können, bietet sie Platz für 1.500 Menschen.

Das Kreuzfahrtterminal Altona bietet eine Aussichtsplattform mit Platz für 1.500 Besucher.

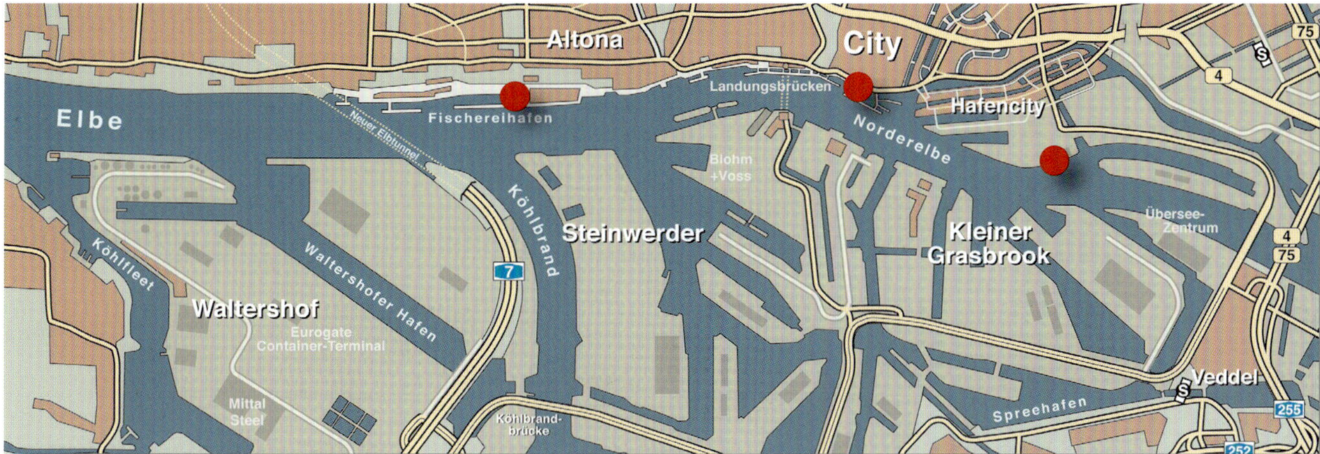

Die Karte zeigt, wo die drei Anleger im Hamburger Hafen liegen.

Der am weitesten von der Innenstadt entfernte Hamburger Passagierschiff-Terminal wurde unter dem Namen HAPAG-Hallen vom Jahr 1900 an gebaut und am 1. Juni 1902 mit der Abfahrt des Dampfers GRAF WALDERSEE nach New York eröffnet. Cuxhaven gehörte zu jener Zeit noch zu Hamburg, seit das Adelsgeschlecht Lappe aus dem Land Hadeln im Jahr 1394 das Gebiet mitsamt dem Schloss Ritzebüttel an die Hansestadt abgetreten hatte. Erst mit dem Groß-Hamburg-Gesetz von 1937 ging die Stadt an der Elbmündung an die preußische Provinz Hannover. Heute gibt es in Cuxhaven nur noch eine Revierwache der Hamburger Wasserschutzpolizei.

Die HAPAG hatte schon 1889 ihren regelmäßigen Schnelldampferdienst an die Elbmündung verlegt, um den Passagieren die lange Fahrt elbabwärts zu ersparen. Mit dem Bau der Abfertigungshallen am Steubenhöft entstand die damals weltweit modernste Anlage zur Abfertigung von Passagieren.

An eine zentrale Abfertigungshalle, in deren Mitte eine riesige stilisierte Weltkugel hängt, schließt sich ein Gang bis an die Kaikante an, durch den die Passagiere vor Wetterunbilden geschützt bis ans Schiff herangehen können.

Heute fahren jedes Jahr weniger als zehn Kreuzfahrtschiffe von diesem Kai ab, an dem sich früher einmal Tausende von Menschen auf dem Weg in die Neue Welt drängten. Die HAPAG-Hallen sind mittlerweile auch Museum und Ausstellungsfläche.

An die großen Zeiten im Passagierverkehr nach Übersee erinnern die HAPAG-Hallen in Cuxhaven, die heute nur noch selten benutzt werden.

KONTROLLEN AUCH FÜR DIE EIGENE SICHERHEIT

Vor den Sicherheitskontrollen im Kreuzfahrtterminal bilden sich lange Schlangen, die Prozeduren sind zeitaufwändig. Pässe werden überprüft, die Passagiere einzeln fotografiert, Bordkarten ausgestellt, dann folgen die Sicherheitsüberprüfungen des Handgepäcks und der Fahrgäste selbst. Erst wer ohne Beanstandung die Metalldetektoren passiert hat, kann aufatmen und entspannt an Bord gehen. Vorbei sind die Zeiten, in denen Freunde, Verwandte und Bekannte Reisende, die an Bord gingen, bis in die Kabinen begleiteten, bevor sie sich verabschiedeten. Wohin eine Kreuzfahrt die Passagiere auch führt, es ist in jedem Hafen dasselbe, denn die Prozeduren sind international im ISPS-Code (International Ship and Port Facility Security Code) vorgeschrieben. Sie sind eine Folge der Terroranschläge vom 11. September 2001. Dahinter steht das Bemühen, mehr Sicherheit auf allen Transportwegen zu erreichen. Das betraf auch die Schifffahrt. Unter der Federführung der Internationalen Seeschifffahrtsorganisation (IMO) wurde der ISPS-Code geschaffen, der ein umfangreiches Paket von Maßnahmen zur Gefahrenabwehr bei Schiffen und Häfen bindend vorschreibt. Seit dieser Code in Kraft getreten ist, müssen nahezu alle Schiffe, die einen Hafen anlaufen, zuvor bis ins Detail übermitteln, welche Ladung und welche Passagiere sie an Bord haben. Die Behörden der Häfen haben seither umfassende Kontrollrechte.

Links
Ohne Kontrollen kommen Passagiere heutzutage weder von noch an Bord eines Kreuzfahrtschiffes.

Für die praktische Umsetzung mussten Behörden benannt werden, in Hamburg war es die Wasserschutzpolizei, die einen Bereich aufbaute, dem neben Polizeibeamten auch Mitarbeiter der Hamburg Port Authority (HPA) angehören. In Bremen und Niedersachsen sind die Zuständigkeiten anders geregelt. Aber auch die Reedereien mussten ihren Teil dazu beitragen und innerhalb der Unternehmen Verantwortliche benennen, die den Titel Company Security Officer (CSO) tragen. Und auf jedem Schiff ist ein Ship Security Officer (SSO) zu benennen. Für

Aus Sicherheitsgründen werden Schiffe beim Einlaufen auch von Booten der Wasserschutzpolizei abgeschirmt. Besucher können die Traumschiffe nur durch Glasscheiben erleben.

beide Verantwortungsbereiche mussten die Mitarbeiter entsprechend ausgebildet und geprüft werden.

Auf die Beamten der Hamburger Wasserschutzpolizei kam mit der Neuregelung eine Menge Arbeit zu. Sie mussten die Betreiber von mehr als 70 Umschlaganlagen anschreiben, sie über die neuen Regelungen informieren und sich selbst einen Eindruck von den entsprechenden Anlagen verschaffen, um die Sicherheitsrisiken des Hafenbereiches abzuschätzen. Danach wurde ein Gefahrenabwehrplan

erstellt, der festlegt, welche Sicherheitsmaßnahmen ein Unternehmen zu treffen hat. Davon sind besonders die Kreuzfahrtterminals mit ihrem hohen Aufkommen an Menschen und kleinen Gepäckstücken betroffen.

Bei Wirtschaftsunternehmen und in der Schifffahrt trafen die ISPS-Regelungen nicht nur auf Zustimmung. Von zusätzlicher Bürokratie war die Rede, von Erschwernissen in der täglichen Arbeit und von zusätzlichen Kosten.

Ziel des ISPS-Codes ist die Sicherung der Seeschifffahrt gegen terroristische Angriffe. Insofern schützen sie Kreuzfahrtpassagiere auch davor, dass sich Terroristen in die Menschenmenge gemischt haben und alle an Bord zu Geiseln werden. Denn wenn man ein ganzes Schiff voller Passagiere und Besatzungsmitglieder als Faustpfand hat, so heißt es beispielsweise in Piratenkreisen, dann verhandelt man nicht mehr mit den Reedereien, dann verhandelt man mit Regierungen.

So wurden auch die Kontrollen auf Kreuzfahrtschiffen immer strikter. Dort werden mittlerweile nicht nur die Reisetickets kontrolliert, sondern auch Reisepässe oder Personalausweise. Außerdem hat sich jeder Passagier einer persönlichen Kontrolle zu unterziehen, wie an einem Flughafen. Zusätzlich wird jeder Koffer durchleuchtet, bevor er an Bord gebracht wird. Dann fertigt ein Besatzungsmitglied des Schiffes ein Foto des Passagiers an, das auf der Bordkarte gespeichert ist. Dieses Bild kann nur mit einem Lesegerät sichtbar gemacht werden und ermöglicht es der Besatzung zu überprüfen, ob dort jemand versucht, sich mit einer fremden Karte Zugang zum Schiff zu verschaffen.

Auch die Überwachung der Schiffe auf See wird immer lückenloser. Schiffe mit einer Bruttoraumzahl von mehr als 300 müssen mittlerweile einen Sender an Bord haben, der alle vier Stunden automatisch die Schiffsposition per Satellitenübertragung an eine Zentrale übermittelt. Das soll für zusätzliche Sicherheit in Seenotfällen sorgen, aber auch helfen, wenn ein Schiff beispielsweise von Piraten entführt wurde.

Damit diese Daten nicht, wie beispielsweise beim Automatischen Identifizierungssystem AIS, von jedermann dazu genutzt werden können, Schiffe zielgenau aufzuspüren, haben auf die Daten dieses Long Range Identification and Tracking System (LRIT) nur Staaten bis zu rund 1.000 Seemeilen vor ihren Küsten Zugriff. Nur den jeweiligen Flaggenstaaten stehen weltweit die Daten der bei ihnen registrierten Schiffe zur Verfügung.

Nach dem Inkrafttreten der ISPS-Regeln steht während der Hafenliegezeiten an der Gangway eines jeden Schiffes ein Crewmitglied als Wachtposten und kontrolliert die Papiere von jedem, der an Bord will. Besucherscheine müssen ausgefüllt und bei Verlassen des Schiffes wieder abgegeben werden.

Und darüber, dass sie eingehalten werden, wacht innerhalb eines Unternehmens ein verantwortlicher Sicher-

Jeder Koffer wird kontrolliert, bevor er an Bord kommt. Das soll Anschläge von Terroristen verhindern.

Für die Überwachung der Sicherheit sind auf den Terminals professionelle Mitarbeiter zuständig.

heitsbeauftragter. An den beiden Kreuzfahrtterminals in Hamburg, dem Hafen mit den höchsten Zuwachsraten in diesem Geschäft, ist das Harald Burmeister.

Er ist gelernter Schifffahrtskaufmann, hat diesen Beruf bei dem Hamburger Hafenunternehmen HHLA gelernt, bei dem auch sein Vater schon tätig war, und wechselte dann zur Firma Unikai.

Als unter dem Eindruck der Terroranschläge vom September 2001 die Sicherheitsvorschriften international verschärft wurden und innerhalb von Hafenunternehmen Verantwortliche zur Umsetzung zu benennen waren, besuchte Harald Burmeister die vorgeschriebenen Kurse, um sich zum Port Facility Security Officer ausbilden zu lassen, der nach Prüfungen die notwendigen Zertifikate erwarb. Jetzt übt er eine Tätigkeit mit hoher Verantwortung aus. »Da wird nicht einfach nur jemand benannt, der dann auf einer Liste steht«, erklärt Burmeister. »Derjenige, der sie ausübt, haftet auch persönlich für die Durchsetzung der Vorschriften.«

Besonders intensiv beschäftigt sich Harald Burmeister derzeit mit der Sicherheitsplanung für das neue Kreuzfahrtterminal im Hamburger Stadtteil Altona. »Da ist ständig Kontakt mit den Behörden, Architekten und Bauunternehmen nötig, um sicherzustellen, dass nicht nur die Bauvorschriften, sondern auch die internationalen Sicherheitsrichtlinien eingehalten werden«, erläutert der Sicherheitsfachmann.

Die Planungen sind zwar abgeschlossen und der Hochbau wurde 2011 in Betrieb genommen. Doch damit ist die Arbeit noch nicht zu Ende. Auch der tägliche Betrieb ist mit den Augen eines Sicherheitsfachmannes zu überwachen. Aber auch dann wird Burmeisters Tätigkeit keineswegs nur noch aus Routine bestehen.

Denn schon gibt es Planungen, das provisorische Terminal in der Hamburger HafenCity durch den Neubau eines Terminals einschließlich eines Hotels zu ersetzen. Die Bauarbeiten werden voraussichtlich 2011 beginnen. Routine kommt also nicht auf …

Die strikten Zugangskontrollen haben für die Hafenbehörden einen positiven Nebeneffekt. Die Zahl der Einschleicher, wie die so genannten »blinden Passagiere« im Behördendeutsch heißen, hat sich drastisch verringert, weil es kaum noch Möglichkeiten gibt, unbemerkt an Bord zu kommen.

KREUZFAHRTSCHIFFE UND DIE UMWELT

Die dunkle Fahne aus Abgas und Ruß über dem Schornstein von Schiffen ist unübersehbar – auch bei Kreuzfahrtschiffen. Sichtbar ist diese Wolke zwar noch, aber ihre Zusammensetzung hat sich in den vergangenen Jahren verändert. Seit dem 1. Januar 2010 gilt in allen EU-Häfen eine Regelung, nach der ausschließlich Brennstoffe mit einem maximalen Schwefelgehalt von 0,1 Prozent verwendet werden dürfen.

Die Abgase entströmen dem Schornstein aber auch während der Liegezeiten, denn die schwimmende Stadt, die am Terminal festgemacht hat, benötigt eine Menge Energie. Die kann sie nicht so einfach von Land beziehen, wie immer wieder vorgeschlagen wird. Lübeck allerdings setzt seit 2008 auf eine solche Landstromversorgung. Aber in der Hansestadt an der Trave machen auch erheblich weniger Kreuzfahrtschiffe fest als in Hamburg. Die Stadtwerke haben drei Landstromanschlüsse für Fähren während ihrer Liegezeiten eingerichtet. Seither wurden laut Ralf Giercke, dem Umweltbeauftragten der Stadtwerke, rund eine Tonne Schwefeldioxid, 640 Kilogramm Stickoxide und 762 Tonnen CO_2 eingespart. Er ist skeptisch, ob die alternative Nutzung von Gas im Hafen wegen der hohen Sicherheitsauflagen durchsetzbar gewesen wäre.

Die größte technische Herausforderung, Schiffe an das Stromnetz an Land anzuschließen, ist die Frequenz- und Spannungsanpassung, da Bordstromnetze in der Regel mit 60 statt der an Land üblichen 50 Hertz arbeiten.

Internationale Abkommen zum Umweltschutz auf Schiffen

- Die International Maritime Organisation (IMO), eine Unterorganisation der UNO, hat international verbindliche Regeln für den maritimen Umweltschutz aufgestellt. Dazu gehört das Internationale Übereinkommen zur Verhütung der Meeresverschmutzung durch Schiffe.
- Die HELCOM ist eine zwischenstaatliche Kommission von Ostseeanrainerstaaten, welche Empfehlungen zum Schutz der Ostsee ausspricht.
- Der Blaue Engel für umweltschonende Schifffahrt wird vom Umweltbundesamt verliehen und stellt hohe Ansprüche an den Reeder, die Besatzung und das Schiff mit seinen technischen Einrichtungen. Voraussetzungen sind gutes Personalmanagement, optimales Sicherheitsmanagement, gut funktionierendes Abfallmanagement, Aufbereitung von Ab- und Bilgenwasser, FCKW-freie Kältemittel, TBT-freier Unterwasseranstrich und geringere Schwefel- und Stickoxidemissionen in den Abgasen.

Hamburg stünde bei der Landstromversorgung vor dem Problem, Kraftwerkskapazitäten für bis zu sieben Kreuzfahrtschiffe, das entspräche sieben kleinen Städten, einzurichten und zu betreiben, die aber über einige Zeit des Jahres gar nicht benötigt würden.

Auch eine Kreuzfahrtstudie, die von der EU-Kommission in Auftrag gegeben wurde, offenbart Schwächen des Konzepts, Schiffe im Hafen mit Strom von Land zu versorgen, und spricht sich gegen diese Art der Stromversorgung im Hafen aus. In der Studie, die von der niederländischen Politikberatung Policy Research Corporation für EU-Fische-

reikommissar Joe Borg erstellt wurde, heißt es, Landstrom für Kreuzfahrer könne lediglich eine Lösung in einzelnen Häfen sein. Aber es müsse eine europaweite Lösung gefunden werden – und die müsse auch die Häfen im Mittelmeer berücksichtigen, die von den meisten Kreuzfahrtschiffen angelaufen werden. Zum Vergleich: Hamburg kommt dieses Jahr auf rund 100 Anläufe, Piräus, der drittgrößte Mittelmeerhafen, hat es auf mehr als 900 Kreuzfahrer gebracht, gefolgt von Civitavecchia in der Nähe von Rom mit gut 880. Von den 15 größten Kreuzfahrthäfen in der EU liegt überhaupt nur Kopenhagen mit 310 Anläufen nicht im Mittelmeer. In dieser Region aber werde der Strom überwiegend noch in Kohlekraftwerken produziert, die im Zweifel mehr Schadstoffe in die Luft blasen würden als ein Schiffsmotor, der mit schwefelarmem Kraftstoff betrieben wird.

»Von einem ökologischen Standpunkt wäre es irrational, vom Schiffsgenerator auf Landstrom umzuschalten«, heißt es in der Studie. Das gelte für die Hälfte der 38 Kreuzfahrthäfen in der EU. Als weiteres Argument gegen die Landstromversorgung gilt der hohe Investitionsbedarf: 671 Millionen Euro wären notwendig, um in allen Häfen Stromanschlüsse für die Kreuzfahrer zu legen. Jährliche Wartungskosten von 50 Millionen Euro kämen hinzu.

Die Hamburger Umweltbehörde untersucht derzeit auch die Alternative, Schiffe während ihrer Liegezeiten von Land her mit Gas zu versorgen, das die bordeigenen Systeme unter umweltfreundlicheren Bedingungen am Laufen hält. Technisch ist das grundsätzlich kein Problem. Bernhard Meyer, Chef der Meyer Werft in Papenburg, die zu den größten Bauwerften für neue Kreuzfahrtschiffe zählt, erklärt, dass dafür ein Schiff im Hafen anstelle einer Stromleitung lediglich eine Gasleitung benötige. An Bord würden für diesen Zweck Dualmotoren benötigt, die beide Brennstoffe nutzen: Öl auf See und Gas im Hafen. »Das ist eine wesentlich intelligentere Lösung, weil der Wirkungsgrad von Gas an Bord höher ist als in einem Kraftwerk an Land«, sagte Meyer. Der Einbau in neue Schiffe sei »gar nicht so teuer«. Jetzt müssten noch einige sicherheitsrelevante Fragen geklärt werden, aber technisch sei es möglich. »Die Reedereien fragen bereits bei uns an, ob wir ihnen eine Lösung für Gas bieten können«, so Meyer.

Ein weiterer Weg ist es, den Energieverbrauch auf den ständig hell erleuchteten Kreuzfahrtschiffen zu senken, indem man sparsame Leuchtmittel einsetzt. So hat die Papenburger Meyer Werft einen Partnervertrag mit dem Beleuchtungsspezialisten Osram geschlossen, der den Einsatz energiesparender Lichtlösungen fördern soll. So wurde bereits für die 2008 ausgelieferte Celebrity Solstice ein hocheffizientes Beleuchtungssystem entwickelt, das den Energieverbrauch im Vergleich zu ähnlichen Schiffen dieser Klasse um mehr als 15 Prozent reduziert. Eine Photovoltaikanlage, optimierte Hydrodynamik, äußerst effektiver Unterwasseranstrich sowie weitere effizienzsteigernde Systeme sorgen in der Summe für eine Energieersparnis von 30 Prozent gegenüber anderen Schiffen, so die Meyer Werft.

Bei der Suche, die Umweltbelastungen während der Liegezeiten zu verringern, kann Hamburg also keinen eigenen Weg beschreiten. »Keine einzige Reederei baut ein Schiff um, damit es Hamburger Standards erfüllt«, sagt dazu Reinhard Wolf, Bereichsleiter Infrastruktur der Handelskammer Hamburg.

Um Reedern Anreize zu bieten, gibt es in der Hamburger Politik Bestrebungen, Hafenentgelte künftig nicht mehr nur nach Schiffsgröße zu berechnen, sondern auch danach, wie umweltfreundlich die Schiffe sind. Dieser Vorstoß hätte auch EU-weit Chancen auf Erfolg, denn schon vor Jahren hatte sich die Hansestadt für einheitliche europäische Standards bei der Entsorgung von Altöl- und Schiffsabfällen eingesetzt. Als Folge dieser Hamburger Initiative gilt heute EU-weit das Verursacherprinzip bei der Schiffsabfallentsorgung. Reedereien, die den Hamburger Hafen anlaufen, müssen eine Pflichtabgabe zur Abfallentsorgung leisten, ganz gleich, ob sie die Dienstleistung in Anspruch nehmen oder nicht. So besteht kein Anreiz mehr, Abfälle auf See zu verklappen.

An Bord moderner Kreuzfahrtschiffe bemüht man sich heutzutage ohnehin schon, die Abfallmengen so gering wie möglichzuhalten. Dazu tragen Abfallmanagementsysteme bei, in deren Ablauf der Abfall getrennt und anschließend entsorgt wird. Brennbares Material wird dabei eingeäschert, Metall und Glas zerkleinert, sodass sich die Reststoffe platzsparend aufbewahren lassen. Das gilt auch für

Kreuzfahrtschiffe mit ihren vielen beleuchteten Decks und Räumen haben einen hohen Energieverbrauch. Landstromanschlüsse sind bisher als Energiequellen noch nicht überall geeignet.

Links
Der Schwefelgehalt von Schiffsabgasen muss seit dem 1. Januar 2010 aufgrund gesetzlicher Vorschriften verringert werden.

ölhaltige Abfälle, die gesondert gesammelt werden. Im Hafen wird dieser komprimierte Abfall dann an lizenzierte Entsorger abgegeben. Es ist auch üblich geworden, Lieferanten nach ökologischen Kriterien auszuwählen und schon im Einkauf Produkte zu bevorzugen, die wenig Abfall produzieren.

Aber nicht nur im Hafen, auch auf See bemühen sich immer mehr Kreuzfahrtreedereien um energiesparende technische Lösungen, auch im Interesse der eigenen Wirtschaftlichkeit, was sich nicht zuletzt in den Unternehmensbilanzen widerspiegelt. So entscheiden sie sich heutzutage bei Neubauprojekten fast ausschließlich für so genannte Pod-Antriebe, also außen liegende Gondeln, die ihre elektrische Energie aus einem Kraftwerk im Schiff beziehen. Im Vergleich zu konventionellen Wellenanlagen ist der Wirkungsgrad dieser Propellergondeln je nach System und Schiffstyp um 25 bis 50 Prozent höher. Das schlägt sich in einem deutlich niedrigeren Treibstoffverbrauch mit Einsparungen bis zu 15 Prozent nieder. Auch die Rumpfform und der Unterwasseranstrich tragen zur Reduzierung des Kraftstoffverbrauchs bei. So sorgen Farben auf Silikon- beziehungsweise Fluorpolymer-Basis, die frei von umweltschädlichen Stoffen sind, für eine glatte und reibungsarme Antifouling-Oberfläche, auf der sich weniger Bewuchs festsetzt. Außerdem verringert das den Treibstoffverbrauch.

Mit neuartigen Unterwasseranstrichen nicht nur bei Kreuzfahrtschiffen werden keine Gifte mehr an das Meerwasser abgegeben.

Der deutsche Marktführer Aida-Cruises beispielsweise setzt darüber hinaus auf ökonomische Fahrweise und hat für jeden Teilabschnitt seiner Routen ein optimales Geschwindigkeitsprofil erstellt.

Wie sehr Umweltfragen die gesamte Schifffahrtsbranche beschäftigen, zeigte sich im September 2010 wiederum in Hamburg. Da trafen sich Fachleute aus Reedereien, Schiffbaubetrieben und von Zulieferbetrieben, um sich während des Kongresse gmec (global maritime environmental congress) im Hamburger Messe- und Congress Centrum über Umweltthemen zu informieren und neue Produkte vorzustellen. Messechef Bernd Aufderheide kündigte an, Hamburg künftig zum ständigen Veranstaltungsort dieser Umweltkonferenz machen zu wollen.

VON DER ÜBERNAHME DES PROVIANTS MERKEN DIE PASSAGIERE NICHTS

Wenn Kreuzfahrtgäste nach dem Festmachen eines Schiffes zu ihren Rundfahrtbussen ausschwärmen, die sie zu den Sehenswürdigkeiten der Stadt fahren, dann setzen an der Kaikante Aktivitäten ein, von denen sie kaum etwas mitbekommen und auch nichts mitbekommen sollen, denn wenn ein Schiff nach 14 Tagen Kreuzfahrt wieder in den Basishafen Hamburg kommt, sind die Vorratsräume leer, müssen technische Verschleißteile ausgetauscht werden und sind auch mal Reparaturen notwendig. Außerdem ist Treibstoff zu bunkern.

Die Zeiten, in denen all dies erledigt sein muss, sind vorgegeben und lassen keinen Spielraum. Morgens zwischen sieben und acht Uhr machen die meisten Schiffe an den Terminals fest, abends zwischen 18 und 20 Uhr werfen sie die Leinen wieder los. Dazwischen muss alles erledigt sein.

Koordinator am Terminal ist Joachim Köhn, Geschäftsführer des HCC Hanseatic Cruise Center. Wenn eine Reederei die Ankunft eines Schiffes meldet, dann laufen in seinem Büro Arbeiten ab, die eigentlich schon Routine sind und doch jedes Mal andere Ansprüche stellen: »Das fängt an mit der Planung der Passagierzahl, die wir zu erwarten haben, das geht über Sonderwünsche von Reederei oder

Mit einem Autokran werden die Versorgungsgüter an Bord der Kreuzfahrtschiffe gehievt.

Proviantmeister müssen sich mit der Lagerung von Lebensmitteln auskennen. Das reicht von Tiefkühlkost über Weine bis hin zu Käsesorten und Frischgemüse.

Schiffsleitung wie Ausrüstung, Reparatur oder ähnliches. Außerdem müssen wir die sicherheitstechnischen Aspekte beachten. Wir organisieren auch Gepäckhandling, Ausrüstung und Verproviantierung. Wenn die Schiffe nach 14 Tagen zurückkehren, dann sind die Kühlschränke leer. Da kommen bis zu 15 Lastwagen, die schon auf das Festmachen warten. Mit dem Verladen muss sofort begonnen werden, denn abends wollen die Passagiere schon wieder etwas Frisches essen.«

So warten zusätzlich zu den Taxis und Bussen auch bis zu 15 Lastwagen vor dem Gelände an ihren Zufahrten auf die Abfertigung. Wichtig ist es, diese Fahrzeuge in einer vorgegebenen Reihenfolge abzufertigen, die es der Schiffsbesatzung ermöglicht, die angelieferten Waren auch in der gewünschten Reihenfolge an Bord zu verstauen. Sonst entsteht in der Enge der Schiffsgänge Chaos.

»Wir sind in der Lage, innerhalb einer Stunde einen Lkw zu übergeben«, erklärt Joachim Köhn. »Das bedeutet 30 Paletten pro Stunde zur richtigen Zeit an den richtigen Ort zu bringen. Mehr kann die Schiffsbesatzung gar nicht übernehmen.« Denn von diesen Arbeiten sollen die Passagiere möglichst nicht beeinträchtigt werden. Immerhin haben sie eine erholsame Urlaubsreise gebucht.

Nach dem Entladen muss ohne Zeitverzögerung der nächste Lkw folgen. Für den Umschlag zu einem Passagierschiff stehen keine Kaikräne und großen Ladeluken zur Verfügung. So lässt sich der Proviant nicht in Containern übergeben. Deshalb heben Autokräne oft große stählerne Körbe an Bord, wie sie früher einmal zur Zeit des Stückgutumschlages verwendet wurden.

Damit alles reibungslos klappt, braucht die Landcrew eingespielte Partner an Bord. Das sind Leute wie Sven

Während der Proviant an Bord gebracht wird, übernehmen Hafenboote Abwässer und Abfälle, während Bunkerboote neuen Treibstoff liefern.

Schneider aus Rostock, der Provision Master an Bord der AIDABLU. Er weiß immer, was bis zum nächsten Anlauf in Hamburg benötigt wird, denn bei ihm melden die Küchenchefs an, was sie den Gästen während der nächsten Reise servieren wollen und wie viele Zutaten sie dafür benötigen. Er ist gelernter Koch, hat Betriebswirtschaft studiert und ist nicht nur für die Übernahme des Proviants zuständig, sondern auch für dessen sachgerechte Lagerung. Das verlangt viel Sachkenntnis bei 86 Käsesorten, 50 Schinkensorten und 130 Sorten Wein, um nur einige Beispiele zu nennen.

Seine Arbeit beginnt jeden Tag morgens um fünf Uhr, dann muss er alles herausgeben, was in den Restaurants für das Frühstück benötigt wird. In seiner Abteilung arbeiten acht Mitarbeiter, bei der Proviantübernahme müssen viele andere Besatzungsmitglieder mit anpacken, dann sind es 20 bis 25 Leute.

Alle 14 Tage übernimmt er 240 Tonnen Lebensmittel, das sind 15 Lastwagen voller Ladung.

Wie aber kann man im Voraus wissen, was die Gäste konsumieren wollen? Für Sven Schneider und für die Restaurant- und Küchenchefs ist das Gästeverhalten Erfahrungssache, es ist von den jeweiligen Routen abhängig: »Man muss sich rechtzeitig darauf einstellen, unterwegs mal eben jemanden zum Einkaufen schicken, geht an Bord nicht.« Aber während der acht Jahre auf Aida-Schiffen konnte er ausreichend Erfahrung sammeln.

Auch auf der Wasserseite eines Kreuzfahrtschiffes wird unter Zeitdruck gearbeitet. Entsorgungsschiffe kommen längsseits, sie übernehmen und pumpen Abwässer ab. Bunkerboote als schwimmende Tankstellen füllen die Treibstofftanks für die nächste Fahrt wieder auf, sie geben auch die notwendigen Schmierstoffe an Bord.

RICKMER RICKMERS
RICKMER RICKMERS

KREUZFAHRTGÄSTE GEBEN IN HAMBURG GELD AUS

Links
Hamburg bietet viele Erlebnisse zur maritimen Geschichte, so wie die beiden Museumsschiffe RICKMER RICKMERS und CAP SAN DIEGO.

Kreuzfahrten sind für Hamburg ein wichtiger Wirtschaftsfaktor geworden. Da sind nicht nur die Kreuzfahrtpassagiere, die während ihrer Landausflüge in der Stadt Geld ausgeben, auch die Kreuzfahrtbegeisterten, die extra in die Hansestadt kommen, um die Traumschiffe zu bewundern, geben Geld in Gastronomiebetrieben, Hotels und im Einzelhandel aus, um nur einige zu nennen. Auch Versorgungsunternehmen, Zulieferer, Dienstleister sowie Wartungs- und Reparaturbetriebe machen ihre Umsätze. »Das Wertschöpfungspotenzial der Kreuzfahrtindustrie am Standort Hamburg ergibt sich nicht nur aus dem Tourismus, sondern ebenso auch aus den in Hamburg entlang der Wertschöpfungskette angesiedelten Unternehmen«, drückt es Dr. Stefan Behn, Erster Vorstandsvorsitzender des Hamburg Cruise Center e.V., aus.

Knapp 94 Prozent der Schiffsanläufe sind mit einem Passagierwechsel in Hamburg verbunden. Im Durchschnitt buchen 45 Prozent einen Landausflug, von denen wiederum 88 Prozent eine Tour in Hamburg bevorzugen. Die 55 Prozent verbleibenden Einzelausflügler gehen individuell auf Entdeckungstour in Hamburg.

Von den Kreuzfahrten profitiert auch der Hamburger Einzelhandel. Nach einer Umfrage gibt jeder Tourist, der in Hamburg an Bord eines Kreuzfahrtschiffes geht, im Einzelhandel der Stadt 75,12 Euro aus. Dabei sind An- und Abreisekosten nicht mit eingerechnet. Ein Transitpassagier, der noch am selben Tag mit seinem Schiff weiterreist, lässt 22,60 Euro in der Stadt.

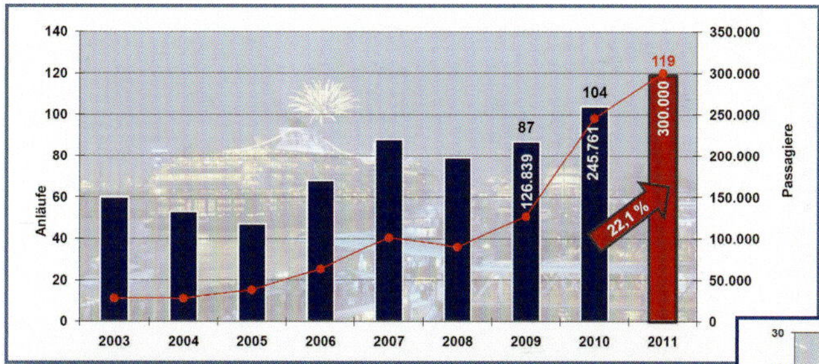

So rasant haben sich die Kreuzfahrtanläufe entwickelt.

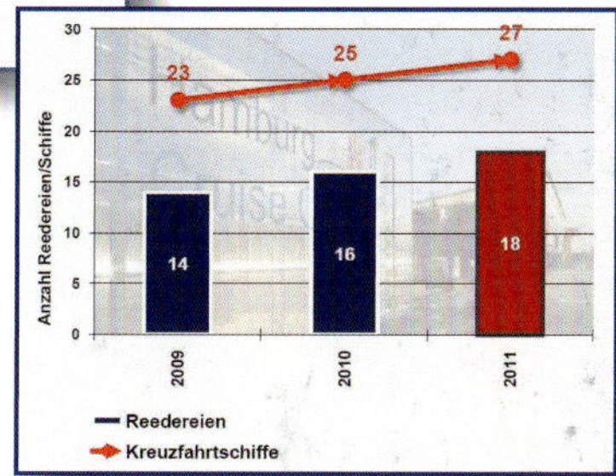

Tabellen:
Hanseatic Cruise Centers GmbH

Damit für die Zukunftsplanung Details dieses Marktes zur Verfügung stehen, gab der Vorstand des Hamburg Cruise Center eine Studie in Auftrag, die von dem englischen Consulting-Unternehmen G. P. Wild durchgeführt wurde, das unter anderem auch für den European Cruise Council tätig ist.

Von den Kreuzfahrtgästen profitieren Busunternehmen bei Transfers und Landausflügen, Hotels für Aufenthalte

Hamburg wird als Stadt für exklusives Shopping geschätzt. Das reicht von den Märkten in der Vorweihnachtszeit über Bummel durch die vielen Passagen bis zum Flanieren durch die Einkaufsstraßen. Aber auch die vielen Brücken und Altstadtviertel wie die Krameramtsstuben unterhalb des »Michels« sind einen Besuch wert.

vor oder nach der Kreuzfahrt. Auch am Flughafen, den Gästeführern sowie Kultureinrichtungen sind die Kreuzfahrtpassagiere willkommene Kunden. Insgesamt generiert das Kreuzfahrtgeschäft in Hamburg eine Wertschöpfung von 60 Millionen Euro im Jahr. Hinzu kommen Umsätze in Höhe von etwa 45 Millionen Euro, die durch kreuzfahrtbegeisterte Touristen verursacht werden. Aus dieser Wertschöpfung ergibt sich ein jährliches Steueraufkommen von gut 10 Millionen Euro allein für den Hamburger Haushalt.

Der Studie zufolge kommt die große Mehrheit der im Hamburger Hafen an- und abreisenden Passagiere aus Deutschland. Sie machen 85 Prozent der Passagiere aus, auf dem zweiten Platz mit 4,9 Prozent folgen englische Passagiere. Die gesamte Kreuzfahrtbranche rechnet mit Steigerungen. Für 2010 rechnete die Industrie mit circa 1,3 Millionen deutschen Hochseekreuzfahrern, das sind nur etwas mehr als ein Prozent der deutschen Bevölkerung. In anderen Ländern liegt der Anteil der Bevölkerung, die einen Urlaub auf dem Wasser verbringt, deutlich höher. Die USA steuern auf vier Prozent zu, England liegt bei drei Prozent. Der deutsche Markt befindet sich nach Einschätzung der Experten in der Touristikbranche noch in der Entwicklung und verspricht somit zunehmendes Wachstum, was große Wachstumschancen für Hamburg bedeutet. Allein die Metropolregion Hamburg zählt 4,2 Mio. Einwohner und lässt ein starkes potentielles Nachfragevolumen erwarten.

Wie es ist, auf einem großen Passagierschiff elbabwärts zu neuen Ufern aufzubrechen, kann man auch heute noch erleben. Etliche Kreuzfahrtschiffe nehmen noch immer an den beiden Hamburger Passagierterminals Gäste für Fernreisen in alle Welt auf. Die beliebteste Route zur großen Zeit der Passagierschifffahrt führte von Hamburg nach New York. Die Queen Mary 2 bietet diesen Klassiker während jeder Saison wieder an.

Bislang galten das Mittelmeer, die Ostsee und Fahrten entlang der norwegischen Küste als klassische europäische Kreuzfahrtziele. Sie sind von Hamburg aus kaum zu erreichen. Da aber die Beliebtheit dieser Urlaubsform zunimmt, suchen die Gäste zunehmend neue Ziele für ihre nächste Kreuzfahrt. Von Hamburg aus führen Kreuzfahrten nach Island und mit Expeditionsschiffen nach Grönland, es bieten sich auch Fahrten an die europäische Westküste, in Häfen der Niederlande, Belgiens, Englands und Frankreichs an, sowie rund um Westeuropa. Die Gäste erwarten auf solchen Törns Häfen wie Amsterdam, London, Dover, Cherbourg oder weiter südlich Lissabon.

Um dieses Fahrtgebiet interessanter zu machen und Reedereien anzuregen, es in ihre Planung aufzunehmen, gründete sich 2008 die »Atlantic Alliance – Europe's Prime Cruise Destinations«. Es ist ein Zusammenschluss von mittlerweile 17 Häfen zwischen Hamburg und Lissabon, die Werbung für ihr Kreuzfahrtrevier machen. Gerd Drossel vom Hamburg Cruise Terminal ist überzeugt, »dass das Kreuzfahrtgebiet der »Atlantic Alliance« starkes Potential hat, sich von einer bislang als Transitstrecke bekannten Region zu einer eigenen Destination zu entwickeln.«

Mit anderen Worten: Wer als Kreuzfahrtpassagier auf der Suche nach neuen Horizonten ist, kann sie insbesondere von Hamburg aus entdecken. In der Saison nutzte die Rostocker Reederei Aida-Cruises diese Möglichkeit schon und schickte seine AIDAblu auf insgesamt neun Kreuzfahrten von Hamburg aus entlang der Westküste, die auch wieder an der Elbe endeten.

Es gibt auch Reedereien, die von Hamburg aus so genannte »Schnupperkreuzfahrten« anbieten. Sie sind ein Angebot an Kreuzfahrtneulinge, solche Kurztrips werden aber auch von Passagieren für den kleinen Urlaub zwischendurch genutzt.

»Wir wollen damit Gästen die Gelegenheit geben, einmal ein Kreuzfahrtschiff kennenzulernen, ohne gleich eine lange Reise buchen zu müssen«, heißt es dazu von MSC Kreuzfahrten. »Wir haben festgestellt, dass 40, manchmal sogar 70 Prozent der Kreuzreisenden anschließend eine längere Kreuzfahrt buchten. Damit ist dies ein gutes Mittel, neuen Kundenkreisen die Vorteile von Kreuzfahrten näher zu bringen.«

Rechts
Mit den Entwicklungen der weltweiten Seefahrt beschäftigt sich das Internationale Maritime Museum im Kaispeicher A unweit des Kreuzfahrtterminals.

Ausländische Besucher mit deutschen Wurzeln besuchen besonders gern die Ballinstadt, in der Auswanderergeschichte dokumentiert wird.

Mein Schiff
Sonnenaufgang
Mein Schiff

DIE HAMBURGER KREUZFAHRTREEDEREIEN

Der Anfang für die Hamburger Passagierschifffahrt war nach dem Ende des Zweiten Weltkrieges schwierig. Deutsche Reedereien hatten alle Schiffe abliefern müssen, die größer als 1.499 BRT waren und schneller als 12 Knoten liefen. Das waren mehr als 400 Fahrzeuge, 800 deutsche Schiffe waren ohnehin im Krieg versenkt oder gekapert worden. Als der Seeverkehr wieder anschwoll, waren Frachtschiffe gefragt, an Lustreisen dachte kaum einer. Das Wirtschaftswunder der jungen Bundesrepublik Deutschland verlangte nach Gütern, das Land begann auch wieder zu exportieren. Vor dem Hintergrund gaben deutsche Reedereien noch keine Passagierschiffe in Auftrag. Für die Beförderung von Fahrgästen setzten die Unternehmen kombinierte Fracht- und Passagierschiffe ein, die an Bord durchaus einen hohen Standard sicherstellten. Man kann sich davon noch heute an Bord der CAP SAN DIEGO überzeugen, die als elegantes Museumsschiff an der Innenkante der Überseebrücke liegt. Sie fuhr, wie schon der ursprüngliche Name der Reederei Hamburg-Südamerikanische Dampfschiffahrtsgesellschaft sagt, zwischen Hamburg und der Ostküste des amerikanischen Doppelkontinentes. Mancher, der Zeit und Lust zu einer erholsamen Seereise hatte, buchte gleich Hin- und Rückfahrt, denn Kreuzfahrten von deutschen Häfen aus waren noch selten.

Auch die internationale Entwicklung im Passagierverkehr ermutigte deutsche Reeder nicht dazu, wieder Passagierschiffe in Auftrag zu geben. Im Jahr 1939 hatten international gesehen noch insgesamt 86 Schnelldampfer den Passagierverkehr auf dem Nordatlantik abgewickelt, 1953 waren es nur noch etwa 40 Schiffe, von denen einige schon Jahrzehnte alt waren. Im selben Jahr benutzten bereits 38 Prozent der Transatlantik-Reisenden Fluglinien, die schneller und preisgünstiger waren. Vier Jahre später waren es schon 55 Prozent, mit wachsender Tendenz. Der Zeitgewinn in schnellen Flugzeugen mit engen Sitzreihen siegte über mehrtägige Atlantikpassagen mit hohem Komfort. Im Winter 1965 fuhren die beiden QUEENS der Cunard-Linie auf der Nordatlantikroute täglich einen Verlust von 8.000 Pfund ein. Am 8. Mai 1967 zog Cunard daher die QUEEN MARY aus dem Verkehr, ein Jahr später auch die QUEEN ELIZABETH. Wenn aber keine Passagierschiffe im Linienverkehr fuhren, dann konnte man sie auch nicht in ruhigeren Zeiten als Kreuzfahrer einsetzen.

Erst im Jahr 1968 lief bei der Deutschen Werft auf der Elbinsel Finkenwerder wieder ein Passagierschiff im Auftrag Hamburger Unternehmer vom Stapel, das auf Kreuzfahrten gehen sollte. Taufpatin der HAMBURG war Marie-Luise Kiesinger, die Ehefrau des damaligen Bundeskanzlers. Auftraggeber war Axel Bitsch-Christensen, der Chef der Deutschen Atlantik-Linie, der das notwendige Kapital von 115 Millionen Mark für den Bau bei 238 Gesellschaftern in einem Beteiligungsmodell eingeworben

Links
TUI Cruises ist die jüngste der Hamburger Kreuzfahrtreedereien.

MAXIM GORKIY
VOSS
DOCK 11

hatte. Damit handelte es sich um das erste Schiff, das über eine Schiffsbeteiligung finanziert wurde.

Doch die Kommanditisten wurden in ihrer Hoffnung enttäuscht, mit ihren Einlagen viel Geld zu verdienen. Die HAMBURG konnte nicht wirtschaftlich betrieben werden. Sie wurde 1973 in HANSEATIC umbenannt, fuhr aber auch unter diesem Namen keine schwarzen Zahlen ein. Es blieb den Reedern nichts anderes übrig, als das Schiff zu verkaufen. Als Käufer trat eine Robin International Corporation mit Sitz in Liberia auf, die 60 Millionen Mark zahlte. Von Januar 1974 an standen kyrillische Buchstaben an Bug und Heck, die als MAXIM GORKI zu entziffern waren. Bei dem Geschäft hatte es sich um einen Scheinkauf der sowjetischen Staatsreederei Black Sea Shipping Co., Odessa, gehandelt.

An Bord der MAXIM GORKI trafen sich 1989 der sowjetische Staatspräsident Gorbatschow und der amerikanische Präsident George Bush, sie verhandelten über wirtschaftliche Hilfen der USA für den Reformkurs der Sowjetunion und nicht zuletzt über die deutsche Wiedervereinigung.

Hamburg ist immer stolz auf dieses Schiff gewesen. Und so gab es im Jahr 2009 Bemühungen, es vor den Schneidbrennern indischer Abwracker zu retten und es wegen seiner engen Verbindungen zur Hansestadt als Hotelschiff in den Hamburger Hafen zu legen. Das Projekt scheiterte aber an den Liegeplatzkosten.

Den traditionsreichen Namen HAPAG, des Unternehmens, das die ersten Kreuzfahrten veranstaltete, führt heutzutage in der Hamburger Passagierschifffahrt das Unternehmen Hapag-Lloyd Kreuzfahrten GmbH fort. Ursprünglich gehörte es zur Hapag-Lloyd Gruppe, wurde aber im Vorfeld des im Oktober 2008 erfolgten Verkaufs durch die TUI aus dem Unternehmensverbund herausgelöst. Hapag-Lloyd Kreuzfahrten ist seither eine direkte Tochter der TUI. Das Angebot des Unternehmens positioniert sich im Segment der Premium- und Luxuskreuzfahrten und ist in erster Linie auf den deutschsprachigen Kreuzfahrtenmarkt ausgerichtet.

Die Reederei betreibt eine Flotte von vier Schiffen für weltweite Hochseekreuzfahrten. Sie soll bis 2013 um zwei Schiffe erweitert werden. Eines davon wird ein gleichwertiges Schwesterschiff der EUROPA, das zweite wird etwas kleiner sein und in derselben Größenordnung wie die COLUMBUS liegen.

Das Flaggschiff von Hapag-Lloyd Kreuzfahrten ist die EUROPA. Das heutige und 1999 in Dienst gestellte Schiff ist bereits das sechste, das diesen Namens trägt. Im Berlitz Cruise Guide, dem führenden Kreuzfahrthandbuch, hat die EUROPA in den Jahren 2001–2010 als weltweit einziges Schiff die Bewertung 5-Sterne-plus erhalten und gilt somit als bestes Kreuzfahrtschiff der Welt. Die Europa bietet Platz für 408 Passagiere, wobei jedem Passagier durchschnittlich 70,8 m² zur Verfügung stehen. Der Durchschnittspreis auf der EUROPA beträgt 505 Euro je Tag und Reisenden. Das Schiff befährt im Rahmen der jährlichen Weltreise alle Weltmeere. Außerdem finden Themenreisen statt.

Mit der HANSEATIC als Expeditionsschiff bietet Hapag-Lloyd Kreuzfahrten für 184 Passagiere, unter anderem zu entlegenen Orten wie der Arktis oder Antarktis, an. Auch die HANSEATIC gehört zu den Top-Kreuzfahrtschiffen der Welt und wurde vom Berlitz Cruise Guide mit fünf Sternen ausgezeichnet. Sie ist außerdem das einzige 5-Sterne-Expeditionsschiff der Welt und besitzt das Sicherheitszertifikat »Höchste Eisklasse« (für Passagierschiffe).

Links
Die MAXIM GORKI war immer wieder zu Gast in Hamburg – an den Terminals ebenso wie in der Werft. Ihr Anstrich wechselte beim Wechsel der Eigner.

EUROPA
EUROPA

Die EUROPA gilt als das beste Kreuzfahrtschiff der Welt. Aus Anlass der zehnjährigen Indienststellung unternahm sie eine von kulinarischen Genüssen geprägte Kreuzfahrt durch den Hamburger Hafen.

Die Bremen ist wie die Hanseatic ein Expeditionsschiff und besitzt ebenfalls das Sicherheitszertifikat »Höchste Eisklasse« (für Passagierschiffe). Sie bietet Platz für 164 Passagiere und wurde mit vier Sternen ausgezeichnet. Auch dieses Schiff befährt entlegene Routen am Nordpol und Südpol. Im Vergleich zur Hanseatic ist sie jedoch etwas schlichter und einfacher ausgestattet.

Die Columbus ist zwar kleiner als die Europa, bietet aber 420 Passagieren Platz für Reisen in alle Welt. Vom Berlitz Cruise Guide erhielt sie drei Sterne. Sie wird auch als Einsteigermodell der Flotte bezeichnet, da der Durchschnittspreis pro Tag und Person mit 199 Euro deutlich unter den anderen Schiffen von Hapag-Lloyd liegt. Auch auf diesem Schiff wurden 2008/09 sowohl eine kleine als auch eine große Weltreise angeboten. Außerdem fanden mehrere Themenreisen statt.

Die letzte Hamburger Reederei mit großen Rahseglern hat ihre Büros mit direktem Blick auf die Außenalster. Sea Cloud Cruises wurde 1979 gegründet, ist eine Unternehmenstochter der Hansa Treuhand Holding AG und betreibt derzeit die beiden Segel-Kreuzfahrtschiffe Sea Cloud und Sea Cloud II. Ein drittes Schiff, die Sea Cloud Hussar, ist in Bau.

HAMBURGER KREUZFAHRTREEDEREIEN

Mit den beiden Schiffen Sea Cloud und Sea Cloud II ist Hermann Ebel größter Segelschiffsreeder Hamburgs, einer Stadt, die vor hundert Jahren einmal Sitz großer und legendärer Schifffahrtsunternehmen war. Sie schickten ihre Rahsegler mit Weizen und Salpeter rund um Kap Hoorn. In der Tradition dieser Unternehmen sieht er sich aber keineswegs: »Mein Weg in die Schifffahrt ist viel kürzer. Ich habe ja kein alteingesessenes Familienunternehmen geerbt, sondern eines neu gegründet.«

Alles begann mit der Begeisterung für eine extravagante Yacht, die legendäre Sea Cloud. Hermann Ebel: »Sie entfachte vor mehr als 30 Jahren unsere Leidenschaft für Einzigartigkeit und Perfektion. Seitdem hat sich die Kreuzfahrt sehr verändert: Von Jahr zu Jahr werden größere Schiffe gebaut. Superlative bestimmen den Kurs. Wir haben uns dafür entschieden, klein und fein zu sein und unserer Philosophie und unseren Werten treu zu bleiben. Ihr Anspruch an eine außergewöhnliche Reise ist unser Maßstab. Für uns zählen persönliches Engagement und gelebte Überzeugungen.«

TUI Cruises wurde im April 2008 gegründet. Sie ist ein Joint Venture der TUI AG aus Hannover und Royal Caribbean Cruises Ltd., der zweitgrößten Kreuzfahrtgesellschaft der Welt mit Sitz in Miami. Das erste Schiff von TUI Cruises, Mein Schiff, wurde im Mai 2009 in Dienst gestellt. Mit seinem Angebot schließt TUI Cruises die Lücke zwischen der traditionellen Kreuzfahrt und den Clubschiffen. Im Mai 2011 wird mit Mein Schiff 2 das zweite Schiff der TUI Cruises-Flotte in Dienst gestellt. Es handelt sich um die derzeit für Celebrity Cruises fahrende Celebrity Mercury.

Eine weitere Hamburger Reederei, Delphin Kreuzfahrten, hat im Oktober 2010 Insolvenz angemeldet.

Links
Die Bremen ist eisverstärkt und kann auch Kreuzfahrten in arktische Regionen unternehmen.

Mit einem Glas Champagner in der Hand verabschieden sich Kreuzfahrtgäste vor dem Süllberg gern von der Hansestadt.

ES GIBT SCHIFFE FÜR NAHEZU JEDEN GESCHMACK

Die auf dem deutschen Kreuzfahrtmarkt angebotenen Schiffe bieten ihren Passagieren alle einen hohen Standard. Für nahezu jeden Geschmack gibt es passende Kreuzfahrtkonzepte, von klassisch elegant über sportlich leger bis hin zu Expeditionsschiffen oder komfortablen Großseglern. All diese unterschiedlichen Schiffstypen gehören zu den regelmäßigen Gästen im Hamburger Hafen.

Luxusschiffe

Das weltweit beste Kreuzfahrtschiff gehört der Hamburger Reederei Hapag-Lloyd Kreuzfahrten und ist regelmäßig im Hamburger Hafen zu Gast. Die Europa trägt als einziges Schiff fünf Sterne und ein zusätzliches Plus-Zeichen, und das seit mittlerweile zehn Jahren. Zum hohen Standard des knapp 200 Meter langen Schiffes trägt der gute Service bei. Die maximal 408 Passagiere werden von 280 Besatzungsmitgliedern betreut, die von der Reederei perfekt geschult worden sind und alle gutes Deutsch sprechen, aus welchen Heimatländern auch immer sie kommen.

An Bord der Europa gibt es ausschließlich Suiten, die mindestens 27 Quadratmeter groß sind. Die De-Luxe-Suiten haben sogar 45 Quadratmeter Grundfläche. Mit dem Bordkonzept spricht die Reederei auch junge Familien an und bietet deshalb an Bord auch einen Bereich mit Kinderbetreuung.

Zur Kategorie der Luxusschiffe gehört auch das Lieblingsschiff der Hamburger, die Queen Mary 2. Jedes Mal, wenn sie im Hamburger Hafen einläuft, zieht sie große Zuschauermassen an. Zwar ist sie mit 345 Meter Länge eines der größten Passagierschiffe auf dem Markt, das Platz für 2.620 Passagiere bietet. Aber trotz ihrer Größe und hohen Passagierzahl kommt die Individualität der Fahrgäste nicht so kurz. Die QM2, wie das Schiff bei seinen Fans genannt wird, bietet ein ausgesprochen hohes Maß an Seetüchtigkeit. Es wurde als letzter Ozeanliner konzipiert, der auch in schwerem Winterwetter auf dem Nordatlantik seine Fahrpläne einhalten kann, ohne die Sicherheit der Passagiere zu gefährden.

Große Schiffe

Zu den großen Kreuzfahrtschiffen zählen beispielsweise jene der US-Reederei Celebrity Cruises. Zur größten Klasse des Unternehmens gehören Schiffe wie Celebrity Eclipse mit 315 Meter Länge und für 2.850 Passagiere. Dass große Schiffe durchaus formschön sein können, zeigen die Schiffe von Celebrity Cruises ebenso wie die der italienischen Reederei MSC Cruises. Eines der größten Schiffe der Flotte ist die MSC MAGNIFICA, die am 6. März 2010 im Hamburger Hafen von Sophia Loren getauft wurde und so die Verbundenheit des Unternehmens mit der Hansestadt an der Elbe bezeugt. Sie ist 294 Meter lang und bietet Platz für 2.518 Passagiere.

Mittlere Schiffe

Es müssen ja nicht gleich die Giganten der Meere sein. Schiffe der mittleren Größe bieten viel Komfort, gute Küche, Wellnessbereiche und Entertainment wie die Großen. In diese Kategorie gehört beispielsweise MEIN SCHIFF, die im Mai 2009 in Hamburg getauft wurde. Sie ist 263 Meter lang und bietet Platz für 1.924 Passagiere.

Kleine Kreuzfahrtschiffe

Es gibt Gäste, die schätzen kleine Schiffe mit einer geringen Passagierzahl, die auch kleinere Häfen anlaufen oder in weniger bekannten Seegebieten fahren können. Sie sind zwischen 120 und 175 Meter lang, haben aber oft eine hohe Zahl von Gästen, die immer wieder auf dieses Schiff zurückkehren. Zu dieser Kategorie gehören die VISTAMAR mit 121 Meter Länge und 290 Passagieren, die COLUMBUS mit 144 Meter Länge und 420 Passagieren, die BREMEN mit 111 Meter Länge und 164 Passagieren, die ALEXANDER VON HUMBOLDT mit 150 Meter Länge und 470 Passagieren.

Clubschiffe

Mit ihren Schiffen, die einen großen Kussmund am Bug tragen, hat die Rostocker Reederei Aida Cruises den Typ des Clubschiffes geschaffen. Es sind im Grunde schwimmende Ferienclubs mit einer legeren Atmosphäre und viel Möglichkeiten für Sport und Wellness. Rund um die Poolbereiche läuft ein buntes Unterhaltungsprogramm, aber es gibt auch Rückzugsmöglichkeiten für Mußestunden. Die Aida-Schiffe sind einander sehr ähnlich, wer eines kennt, findet sich auch auf einem Schwesterschiff schnell zurecht. Trotzdem hat jedes seine individuellen Eigenarten, so wie es nur auf der AIDABLU eine Bierbrauerei an Bord gibt.

Expeditionsschiffe

Schon der Name FRAM lässt den Expeditionscharakter ahnen. So hieß das Schiff, mit dem der Norweger Fridtjof Nansen seine erste Polarexpedition unternahm. Ins Eis kann auch die heutige FRAM der norwegischen Hurtigruten vordringen, denn sie ist so eisverstärkt, dass auch 60 Zentimeter dicke Schollen ihr nichts anhaben können. Damit die 318 Passagiere die atemberaubende arktische Landschaft auch genießen können, gibt es einen rundum verglasten Panoramasalon. Das Schiff ist 110 Meter lang. In diese Kategorie gehören auch die BREMEN und HANSEATIC von Hapag-Lloyd Kreuzfahrten.

Segelkreuzfahrtschiffe

Die Hamburger Reederei Sea Cloud Cruises betreibt zwei Segel-Kreuzfahrtschiffe. Eines ist die 1931 in Kiel als Privatyacht erbaute SEA CLOUD. Das elegante Schiff bietet Platz für 64 Passagiere. Die 2001 in Dienst gestellte SEA CLOUD II bietet komfortabel Platz für 94 Passagiere und Service auf hohem Niveau.

Eine Zeit lang war die QUEEN MARY 2 das größte Kreuzfahrtschiff der Welt. Ihre Größe wird vor der Hamburger Stadtsilhouette ebenso deutlich, wie im Vergleich mit der DEUTSCHLAND.

Die Ausstattung des Schiffes ist sehr exklusiv.

EUROPA
EUROPA

Die EUROPA läuft immer wieder gern den Hamburger Hafen an. An Bord gibt es ausschließlich Suiten mit exklusiver Ausstattung.

JEWEL OF THE SEAS

Die Jewel of the Seas (links) gehört ebenso zu den großen Kreuzfahrtschiffen, wie die MSC Magnifica, deren Ausmaße besonders deutlich werden im Vergleich mit den Menschen an der Kaimauer.

Mittlere Schiffe

MEIN SCHIFF von TUI Cruises schließt die Lücke zwischen großen Kreuzfahrtschiffen und Clubschiffen.
Es gibt an Bord auch Rückzugsmöglichkeiten in stillen Ecken mit Hängematten.

Kleine Kreuzfahrtschiffe

Kleine Kreuzfahrtschiffe wie Le Boreal der französischen Reederei Ponant kultivieren den Charakter exklusiver Yachten und bieten hohen Komfort für wenige Gäste.

Clubschiffe

Aida Cruises entwickelte die Idee der Clubschiffe mit umfangreichem Unterhaltungs- und Sportangebot sowie lockerer Atmosphäre.

VINOTHEK

Expeditionsschiffe

Die FRAM der norwegischen Hurtigruten ist für Reisen in arktische Gebiete konzipiert und bietet große Fenster zum Ausblick in aufsehenerregende Landschaften. Der Name FRAM bezieht sich auf den norwegischen Polarforscher Fridtjof Nansen.

Segelkreuzfahrtschiffe

Ein besonderes Erlebnis sind Kreuzfahrten auf den beiden Segelschiffen Sea Cloud und Sea Cloud II (im Bild). Ein drittes Segelkreuzfahrtschiff wird demnächst in Dienst gestellt.

HAMBURGER ARCHITEKTEN ENTWERFEN DIE SCHÖNEN SCHIFFE

Im Musterraum des Altbaus an der Warburgstraße, unweit der Außenalster, geht es bunt zu: Auf einem Tisch, der sich durch den gesamten Raum erstreckt, liegen Stoffproben in allen möglichen Farben, dazwischen Mosaiksteine, Ausschnitte von Glasscheiben, Kunststoffe; in Regalen entlang der Wände stehen Musterbücher mit Textilien, hängen Vorhang- und Dekostoffe. Lampen tauchen den Tisch in ein helles Licht, ermöglichen Vergleiche, welche Farben harmonieren. Es ist der Arbeitsplatz von Innenarchitekten und Designern, die dort die Inneneinrichtung von Kreuzfahrtschiffen planen.

Für diese Schiffe sind besondere Materialien gefragt, denn nicht jeder Teppichboden hält die täglichen Belastungen von zweieinhalbtausend Passagieren aus, nicht jeder Vorhangstoff ist so zertifiziert, dass er sich für die Verwendung in Seeluft eignet, und nicht jeder Wandbehang ist so schwer entflammbar, dass er sich den Vorschriften entsprechend für die Verwendung auf einem Passagierschiff eignet.

Partner Ship Design wurde 1991 in Hamburg von zwei Norddeutschen gegründet, die eigentlich nur der Zufall zusammengeführt hat. Kai H. E. Bunge ist Architekt, Siegfried Schindler Innenarchitekt. Beide haben vor dem Studium praktische handwerkliche Erfahrung gesammelt, so wissen sie, welche Materialien nicht nur schön aussehen, sondern sich auch in der Praxis an Bord verarbeiten lassen. Beide führte ihr jeweiliger Lebensweg von Tätigkeiten an Land schließlich in den Schiffbau, wo sich dann ihre Wege kreuzten.

»Ich schätze die Zuverlässigkeit der Menschen im Schiffbau, die ein gegebenes Wort auch verlässlich einhalten. Deshalb bin ich in der Branche geblieben«, erläutert Siegfried Schindler seine Entscheidung. »Als Segler habe ich ohnehin eine Vorliebe für alles Maritime«, beschreibt Kai Bunge seine Hinwendung zur Ausstattung von Schiffen.

Das gemeinsame Unternehmen beschäftigt 30 Mitarbeiterinnen und Mitarbeiter. Und so wie es ihrer eigenen Lebenserfahrung entspricht, bevorzugen sie auch bei ihnen Menschen mit handwerklicher Erfahrung.

Die Ausstattung von Schiffen ist von ganz anderen Voraussetzungen abhängig als die Planung eines Gebäudes an Land. Kai Bunge: »Wir haben ja lediglich Deckenhöhen von etwa 2,50 Meter. Wir müssen die Räume daher so gestalten, dass bei den Passagieren nicht das Gefühl von Enge aufkommt«. Farbgebung und Struktur der Decken tragen dazu bei, dass auch lange Passagiere während ihrer Urlaubskreuzfahrt nicht das Gefühl bekommen, ihnen falle die Decke auf den Kopf. Während in Gebäuden an Land über den Deckenpaneelen noch reichlich Platz für Licht-

leitungen, Lüftungsschächte und Versorgungsrohren bleibt, ist auch dieser Platz auf einem Schiff sehr knapp.

Ähnlich schwierig ist die Herausforderung bei der Planung der Restaurants. Sie müssen mehrere hundert Gäste aufnehmen, dürfen aber keinesfalls den Eindruck von Enge und Massenabfertigung vermitteln, sondern sollen den Eindruck vermitteln, als speise man in einem guten Restaurant an Land. Die Gäste möchten auch an ihren Tischen an Bord beim Essen ein wenig Intimität genießen können.

Angesichts der Fülle technischer Vorschriften bei Einrichtungen an Bord, denen die Gestaltung folgen muss, stellt sich die Frage, wie sich die Mitarbeiterinnen und Mitarbeiter von Partner Ship Design fühlen – sind sie in erster Linie Techniker oder Kreative? Für Siegfried Schindler ist beides untrennbar miteinander verbunden. Er zitiert den unter Designern bekannten Satz: »Form follows function.« Das drückt aus, dass die Funktionalität für den Gast an Bord Vorrang hat vor der Formgebung. Oder anders ausgedrückt – nur eine funktionierende Gestaltung macht Sinn.

Bei der Planung eines neuen Schiffes arbeitet das Hamburger Unternehmen eng mit der Reederei zusammen. Man spricht über das gewünschte touristische Konzept, über Ideen, wie sich das in die Verhältnisse an Bord einbauen lässt, wie die Kabinen, Restaurants, Wellness- und Unterhaltungsbereiche auf den Decks angeordnet werden und sich das Ganze dann auch noch formschön umsetzen lässt.

Von der Vertragsunterschrift mit der Reederei bis zum fertigen Generalplan benötigt das Büro zwischen zwölf und 16 Monate für ein Schiff mit 3.000 Betten. Zu den Kunden der Hamburger Schiffsdesigner gehören bislang Unternehmen wie Aida Cruises, Sea Cloud Cruises, Hapag-Lloyd Kreuzfahrten, P&O Cruises, um nur einige zu nennen.

Ist dann in der Werft der Kiel gelegt, folgt die Bauaufsicht. Mitarbeiter von Partner Ship Design sind im Baudock bei allen Bauabschnitten dabei, sie beobachten, ob alles wie geplant ausgeführt wird, prüfen anhand von Proben, ob Zulieferer das vereinbarte Material angeliefert haben und ob es sachgerecht verwendet wird. Bis zu neun Neubau- oder Umbauprojekte bearbeitet das Büro zur gleichen Zeit.

Sind die Mitarbeiter ein Team von Spezialisten, von denen jeder ein Fachgebiet besonders beherrscht? »Bei uns soll eigentlich jeder alles können«, antwortet Kai Bunge auf diese Frage. »Keiner sollte sich zu sehr spezialisieren, sondern eine große Bandbreite von Fähigkeiten sehr gut beherrschen. Dabei berücksichtigen wir selbstverständlich, dass jeder Mitarbeiter besondere Stärken hat.«

DIE THEATERSCHULE FÜR BORDUNTERHALTUNG

Gäste an Bord eines Kreuzfahrtschiffes Abend für Abend zu unterhalten, ist harte Arbeit und muss bei allen Kreuzfahrtreedereien hohen Ansprüchen genügen. Die Reederei Aida Cruises beispielsweise legt Wert darauf, auf jedem ihrer Schiffe eine eigene Show zu zeigen, die eigens dafür konzipiert wurde. In einer historischen Volksschule in der Seilerstraße im Hamburger Stadtteil St. Pauli gründete das Unternehmen die SeeLive Tivoli Entertainment & Consulting GmbH, in der solche Unterhaltung erdacht, ausgearbeitet, geprobt und für die Vorführung an Bord vorbereitet wird.

Beteiligt daran ist das Hamburger Theater Schmidts Tivoli, das sich unter der Leitung von Corny Littmann einen festen Platz im Kulturleben der Hansestadt erobert hat. Pro Jahr entstehen bei SeeLive etwa sechs bis zehn neue Shows. Entwickelt und produziert werden sie von einem Kreativteam, zu dem Produktionsleitung, Künstlerische Leitung, Choreografen, Regisseure, Kostümdesigner, Bühnenbild-Designer, Komponisten und Musikproduzenten sowie Licht- und Tondesigner und Drehbuchautoren gehören.

Vom ersten Konzept bis zur fertigen Show vergehen rund zehn Monate. Fertiggestellt ist eine Show jedoch erst, wenn sie auf einem der AIDA-Schiffe Premiere feiert. 35 Shows und Showspots laufen derzeit auf den diversen AIDA-Schiffen. Für jede neue Show entstehen in der Werkstatt neue Entwürfe und Kostüme. Mehrere Monate dauert es, bis alle Kostüme für ein AIDA-Show-Ensemble fertig entworfen und geschneidert sind.

An Bord treten die Solisten, Tänzer und Artisten jeden Abend auf und verzaubern das Publikum mit Live-Gesang und Tanzschritten, die auch sitzen, auch wenn das Meer mal etwas höhere Wellen schlägt. Das Repertoire erstreckt sich von Musical über Pop und Rock bis hin zu deutschem Schlager und speziell für die Shows komponierter Musik.

DIE GROSSEN SHOWS DER TAUFEN ZIEHEN JEDES MAL TAUSENDE BESUCHER AN

Der Hamburger Hafen ist immer wieder ein beliebtes Taufbecken für Luxusliner. So bemühen sich die Reedereien gegenseitig, sich bei der Ausgestaltung dieser Feiern zu übertrumpfen. Feuerwerk steigt in den Himmel, auf Riesenleinwänden können Tausende von Menschen die Zeremonien verfolgen, als stünden sie unmittelbar daneben, an den Ufern sind Bühnen und Buden aufgebaut.

Immer wieder wurden in den vergangenen Jahren in Hamburg Kreuzfahrtschiffe getauft, während sie im Strom vor den Landungsbrücken schwammen. Das hatte sich sonst noch nirgendwo auf der Welt eine Reederei zugetraut. Unterhalb des Hamburger Michels aber hat es immer reibungslos funktioniert.

Eine Schiffstaufe an der Elbe wird zelebriert wie ein Volksfest und nicht nur ganz Hamburg feiert mit, es kommen auch Schaulustige, die weite Anreisen hinter sich haben. Da halten sie auch Wind und Wetter nicht ab. Das zeigte sich, als am 9. Februar 2010 die Designerin Jette Joop das vor dem Fischmarkt liegende Kreuzfahrtschiff AIDABLU taufte. Nach Schätzung der Reederei sahen rund 100.000 Menschen vom Elbufer aus zu. Es war eine eisige Taufe bei drei Grad Minus und Schneefall, aber das war eigentlich ganz im Sinne der Reederei. Sie wollte ihren jüngsten Neubau ohnehin mit einer Show rund um Feuer und Eis zelebrieren. Dass dabei sogar die Natur mitspielte, konnten die Planer der Veranstaltung nicht ahnen. So hielt Kapitän Dr. Friedhold Hoppert die AIDABLU vor der Hamburger Fischauktionshalle im Fahrwasser, während Taufpatin Jette Joop die Champagnerflasche am Bug zerschellen ließ. Anschließend stieg ein rot-blaues Feuerwerk in den Himmel.

Schon zum zweiten Mal machte Aida Cruises gute Erfahrungen mit Taufen in Hamburg. Im Jahr 2007 hatte die AIDADIVA ebenfalls vor dem Fischmarkt ihren Namen erhalten. Vom Hamburger Kreuzfahrtterminal aus lief das Schiff, umschwärmt von kleinen, blau illuminierten Barkassen, elbabwärts, stoppte vor den Landungsbrücken, wo mehr als 300.000 Schaulustige standen. Dann lief eine Show aus Lichtern und Feuerwerk ab, die einer Diva würdig war. Die Zuschauer erlebten, wie man mit 200 Scheinwerfern, 30 Lasern, 2.000 Neonröhren und einem Feuerwerk ein Schiff ins rechte Licht rückt. Laut Angaben der Reederei Aida Cruises war es die bis dahin größte Veranstaltung zu einer Schiffstaufe, die die Welt je gesehen hat. Sie allein kostete fünf Millionen Euro.

Links
Mit den Shows ihrer Schiffstaufen versuchten sich Reedereien in den vergangenen Jahren in Hamburg gegenseitig zu übertreffen. Das Foto zeigt die Taufe der AIDADIVA im Jahr 2007.

Bei der Taufe von MEIN SCHIFF unterhielt Udo Lindenberg die Gäste mit einer eigenen Show.

Taufpatin der MSC MAGNIFICA war die italienische Schauspielerin Sophia Loren.

Rechts
Bei der Taufe der AIDABLU unter dem Motto »Fire meets Ice« spielte sogar die Natur mit – es war eine eiskalte Februarnacht.

Im Jahr 2012 wird die Rostocker Reederei diese Feiern noch übertrumpfen. Am 12. Mai soll der neunte Neubau den Namen AIDAMAR erhalten. Aus diesem Anlass ist die weltweit größte Schiffstaufe geplant, bei der zum ersten Mal in der Geschichte der Kreuzfahrt die drei baugleichen Schwesterschiffe AIDALUNA, AIDABLU und AIDASOL ihren jüngsten Flottenzuwachs als Taufpaten im Rahmen einer Schiffsparade im Hamburger Hafen begleiten. Für reichlich Zuschauer wird gesorgt sein, denn der Termin ist eingebettet in die Feiern zum 823. Hamburger Hafengeburtstag, zu dem traditionell Hunderttausende Gäste kommen.

Aida Cruises hatte in Hamburg aber auch schon die kleinste Schiffstaufe der Welt gefeiert. Im Hamburger Miniatur-Wunderland legte ein Modell der AIDABLU an einem der Miniaturhafenbecken an. Dort sprach Taufpatin Nicola Albrecht neben dem Aida-Flottenkapitän Burghard Müller den Spruch: »Heute lassen wir es krachen, sogar Poseidon schaut uns zu. Behalte stets dein schönes Lachen – nun taufe ich dich auf den Namen AIDABLU.«

Im Hintergrund stand währenddessen Holger Ballasch als Mitarbeiter des Wunderlandes und navigierte über eine Funkfernsteuerung das 2,20 Meter lange Kreuzfahrtschiff nach der Taufzeremonie zu seiner Jungfernfahrt. Wie bei einer richtigen Taufe wurde das Auslaufen von einem Feuerwerk begleitet.

Die große Begeisterung der Hamburger für Kreuzfahrtschiffe und Taufzeremonien lockte sogar die italienische Kreuzfahrtreederei MSC Cruises an die Elbe. Taufpatin Sophia Loren gab Anfang März 2010 vor den Landungsbrücken dem Neubau MSC MAGNIFICA seinen Namen und bewies dabei, dass Auftritte vor Kameras noch immer ihre starke Seite sind. Eigentlich strebte sie untergehakt bei

Reedereichef Pierfrancesco Vago und Kapitän Guiliano Bossi der vorgesehenen Sitzecke zu. Doch angesichts der Fotografen und Fernsehteams ließ sie die beiden Männer los und drehte sich den Kameras zu. Danach stellte sie sich geduldig auch platten Journalistenfragen. Beispielsweise, ob sie schon mal seekrank war (»nein«) oder ob sie ihre Haut mit Olivenöl pflege (»verwende ich nur im Salat«). Abends durchschnitt sie vor einem kleinen Kreis von Gästen ein italienisches Band, das eine Champagnerflasche freigab, die dann an der Bordwand zerschellte.

Weshalb das Unternehmen sich dafür entschieden hat, den feierlichen Akt in der Stadt an der Elbe zu vollziehen, erläutert Falk Hartwig Rost, Geschäftsführer von MSC Kreuzfahrten, der deutschen Niederlassung der Reederei: »Hamburg ist eine sehr attraktive Stadt mit einem hohen Wirtschaftspotenzial. Es ist aber auch eine Stadt, die der Seefahrt und den Kreuzfahrtschiffen sehr zugewandt ist. Wir verfolgen den diesbezüglichen Aufschwung bereits seit einigen Jahren. Und wir werden unser Programm im Norden weiter ausbauen.«

Pierfrancesco Vago, Vorstand von MSC, zeigte sich italienisch begeistert: »Hamburg ist das Venedig Deutschlands, und die MSC Magnifica hat Venedig in ihrer Seele. Es war ein perfektes Szenario für die Taufe unseres neuen Schiffes.«

Auch die Hamburger Reederei TUI Kreuzfahrten taufte 2009 ihre Neuerwerbung Mein Schiff vor dem Hamburger Fischmarkt mit Taufpatin Ina Müller. Reedereisprecherin Anette Engelke: »Wir haben uns damals sehr bewusst für den Hamburger Hafen als Taufbecken für Mein Schiff entschieden, weil die Hamburger so begeisterungsfähig sind. Der Ablauf der Taufe hat uns dann auch erwartungsgemäß nicht enttäuscht. Gerade wenn man als neue Reederei sein erstes Schiff tauft, ist es auch wichtig, wo man es macht. Auch für den Reedereistandort Hamburg als Schifffahrtstadt haben wir uns seinerzeit ganz bewusst entschieden.«

So taufte TUI Cruises auch Mein Schiff 2 im Jahr 2011 mit einer beeindruckenden Show in Hamburg.

Schiffstaufen sind für die Hamburger Rundfahrtschiffe Großereignisse, bei denen Fahrten auf Begleitschiffen schnell ausgebucht sind.

HAMBURG CRUISE DAYS, EINE FEIER ZU EHREN DER KREUZFAHRTSCHIFFE

Wohl keine andere Hafenstadt der Welt zelebriert Kreuzfahrtschiffe so sehr wie Hamburg. Und keine andere Stadt der Welt bringt so viele schiffsbegeisterte Menschen auf die Beine, wie die Hansestadt an der Elbe. 500.000 Menschen besuchten zwischen dem 30. Juli und dem 1. August 2010 den Hafen, in dem der Lichtkünstler Michael Batz mit blauen Lichtern besondere Akzente gesetzt hatte. Immer wieder war zu beobachten, wie sie die künstlerische Ausleuchtung des Hafens mit ihren Foto- und Videokameras interpretierten. Diese Menge der Besucher kam tatsächlich wegen der blauen Lichter und der Kreuzfahrtschiffe, denn weiteres unterhaltendes Programm gab es kaum. Die Schiffe waren auch nicht zu besichtigen, sehr zum Bedauern vieler Besucher. Aber internationale Sicherheitsbestimmungen und das zu erwartende Gedränge an Bord ließen dieses nicht zu.

Höhepunkt der drei Tage war die Auslaufparade am 31. Juli von fünf Kreuzfahrtschiffen mit nur gut einer Schiffslänge Abstand vorbei an den Landungsbrücken. Dort und entlang des Elbufers standen allein an diesem Abend 150.000 Menschen.

Angeführt vom russischen Segelschulschiff SEDOV, dem größten Rahsegler der Welt, folgten im Kielwasser ASTOR (TransOcean), AIDAAURA (Aida Cruises), DEUTSCHLAND (Reederei Deilmann), MEIN SCHIFF (TUI Cruises) und COLUMBUS (Hapag-Lloyd Kreuzfahrten). Den Abschluss bildete das Museumsschiff CAP SAN DIEGO.

Thorsten Kausch, Geschäftsführer der Hamburg Marketing GmbH (HMG), die Lizenzträger und Koordinator der Hamburg Cruise Days ist, freute sich über die vielen Menschen: »Das nationale und internationale Echo auf die Hamburg Cruise Days ist gewaltig. Die Veranstaltung war harmonisch und majestätisch – das entsprach ganz dem Konzept. Es war wieder ein voller Erfolg!«

Die Hamburg Cruise Days waren erstmals im Jahr 2008 veranstaltet worden. Die Veranstalter hatten damals bei der Premiere viel Prominenz aufgeboten, um auf der QUEEN MARY 2 den entscheidenden Lichtschalter zu drücken: Lichtkünstler Michael Batz, Kapitän Christopher Wells (QM2), Schauspieler Til Schweiger, Finanzsenator Michael Freytag, Merian-Chefredakteur Andreas Hallaschka und Tennisspieler Boris Becker. Fünf Tage lang leuchtete danach der Hafen stellenweise in blauem Licht und bildete die Kulisse für den Besuch von fünf Kreuzfahrtschiffen, die sich über mehrere Tage verteilten. Für die rund eine Million Zuschauer, die an diesen Tagen nach Hamburg gekommen

waren, bot sich zweimal die Gelegenheit, einige der Schiffe in Paradeformation mit nur einer Schiffslänge Abstand an den Landungsbrücken vorbeiziehen zu sehen.

Der Lichtkünstler Michael Batz inszeniert immer wieder diesen blauen Hafen. Seine Herkunft aus der Theaterwelt macht sich bei ihm immer wieder bemerkbar. Auf Bühnen sammelte er die Erfahrung, wie viel Beleuchtung und Inszenierung mit Licht bewirken können. Bedeutet dies für ihn, den Hamburger Hafen in eine Theaterbühne zu verwandeln?

Michael Batz lächelt: »Ja, genauso empfinde ich es. Und die Darsteller sind die Schiffe. Das Stück, das wir spielen, heißt nicht nur Kreuzfahrten, sondern allgemein ›Schiffe in Hamburg‹. Da spielen auch Assoziationen wie Fernweh eine Rolle und das Reisen wird zur Metapher für das Leben.«

Verstehen die Betrachter diese Kunst und nehmen sie an?

Der Lichtkünstler: »Es war schon vor zwei Jahren interessant zu beobachten, wie die Zuschauer mitspielten. Sie fühlten sich eingeladen, sich in dem blauen Licht zu bewegen. Die gesetzten Lichtakzente nutzten sie, um

Während der »Hamburg Cruise Days« setzt Lichtkünstler Michael Batz im Hamburger Hafen blaue Akzente. Der Höhepunkt ist jeweils eine Parade von Kreuzfahrtschiffen.

diese mit ihren Kameras zu interpretieren. Sie haben sich gegenseitig in dem blauen Licht fotografiert. Aber sie haben auch Bilder von den beleuchteten Konturen der Kräne und Gebäude gemacht. Den Blue Port besuchten vor zwei Jahren 150.000 Menschen. Die Hamburger empfinde ich als ein sehr aufgeschlossenes Publikum. Die positive Art, wie sie sich mit der Lichtkunst auseinandersetzen, gibt mir immer wieder Kraft für meine Arbeit.«

Die blauen Lichter sind in den meisten Fällen nicht einfach aufgehängte blaue Lichterketten oder zusätzlich installierte Leuchten. Dort, wo es möglich ist, tauscht das Team um Michael Batz vorhandene Leuchtmittel gegen blaue Leuchten aus. So entstehen nicht nur interessante Lichteffekte, es entstehen auch keine zusätzlichen Energiekosten.

In anderen Fällen heben speziell installierte Lampen die Konturen von Gebäuden hervor und rücken sie damit buchstäblich ins rechte Licht. Ihre Bedeutung in der Geschichte der Hamburger Wasserkante scheint damit auf den Punkt gebracht. Ist das Interpretation des Betrachters oder Absicht?

Café • Restaurant • Hotel

Michael Batz: »Ich beschäftige mich tatsächlich gern mit Geschichte, denn der Hafen ist ja auch ein entscheidendes und geschichtsträchtiges Gebiet in der Hansestadt. Das möchte ich betonen, indem ich die wichtigen Komponenten durch Beleuchtung hervorhebe.«

Bei einem solchen Projekt müssen aber nicht nur die Zuschauer mitspielen, auch Unternehmen, auf deren Kränen, Kaianlagen und Gebäuden Lichter installiert oder ausgetauscht werden, müssen einverstanden sein. Bei Veränderungen an der Straßenbeleuchtung sind auch Genehmigungen von Behörden notwendig. Erfährt der Lichtkünstler da Unterstützung oder erlebt er Unverständnis oder gar Ablehnung?

»Bei den Unternehmen finde ich immer wieder viel Unterstützung. Man lässt mich auf den jeweiligen Firmenarealen arbeiten, soweit dies mit Sicherheitsvorkehrungen zu vereinbaren ist. Auch die Behörden zeigen sich immer wieder kooperativ und erteilen soweit möglich die erforderlichen Genehmigungen.«

Michael Batz gründete Mitte der 1970er-Jahre zusammen mit Horst Schroth in Hamburg die freie Theatergruppe »Theater zwischen Tür und Angel«. Es folgten zahlreiche Produktionen im Bereich des Straßen- und Kindertheaters. Von 1990 bis 1994 war er Dramaturg auf Kampnagel und übernahm dann die künstlerische Leitung der HafenKulturtage und des Theaters in der Speicherstadt, wo jeden Sommer sein Hamburger Jedermann aufgeführt wird.

Als Lichtkünstler trat Batz erstmals im Jahr 2006 ins Bewusstsein der Hamburger, als er während der Fußball-Weltmeisterschaft Blue Goals, blaue Fußballtore, auf Hamburger Dächern aufstellte.

Die Hamburg Cruise Days sollen zukünftig alle zwei Jahre stattfinden. Größer als in diesem Jahr werden sie aber nicht mehr, denn mit einer Parade von sieben Schiffen hintereinander ist die Kapazitätsgrenze im Hafen erreicht.

Die Show aus Lichtern und Schiffen zieht alle zwei Jahre zehntausende von Besuchern an. Eine solche Veranstaltung für Traumschiffe ist weltweit einzigartig.

MESSEN UND KONGRESSE RUND UM KREUZFAHRTSCHIFFE

Rechts
Während der Kongressmesse Seatrade Europe präsentieren sich Kreuzfahrtziele ebenso wie Reedereien.

Unter Glas präsentieren sich Modelle von Kreuzfahrtschiffen, auf Plakatwänden ziehen sich Palmenstrände entlang und gewähren Hafenstädte Einblicke in ihre Sehenswürdigkeiten – die Fachmesse Seatrade Europe in den Hamburger Messehallen unterhalb des Fernsehturmes ist alle zwei Jahre eine Ausstellung zum Träumen. Träumer allerdings finden sich dort selten, denn Zutritt erhält nur, wer sich als Fachbesucher ausweisen kann. Und wer Fachbesucher ist, kommt nicht zum Träumen, sondern um sich ganz professionell zu informieren und gegebenenfalls Geschäfte abzuschließen.

Die Fachmesse Seatrade Europe ist mittlerweile gleich nach der Seatrade Cruise Shipping Convention in Miami die zweitgrößte Kreuzfahrtmesse der Welt und die größte Europas. Zu den drei Öffnungstagen in Hamburg kamen im Jahr 2009 mehr als 250 Aussteller aus 50 Ländern. Dazu gehörten Häfen und Destinationen, Reiseveranstalter, Hotel- und Restaurantausstatter, Schiffsausrüster, IT- und Kommunikationsdienstleister sowie Werften und Schiffbauer. Zugleich lief ein Fachkongress, bei dem 60 Referenten aus aller Welt über neue Trends und Techniken und Bestimmungen sprachen. Rund 3.000 Delegierte aus 74 Ländern waren in die Hansestadt gereist.

Dabei stehen nicht nur die Hochseekreuzfahrten im Blickpunkt, sondern während der Rivercruise Convention auch Flusskreuzfahrten. Umfragen zeigten, dass 75 Prozent der Fachbesucher direkten Einfluss auf Beschaffungsentscheidungen ihrer Unternehmen haben.

Für die Zukunft des Kreuzfahrtmarktes geben auch immer wieder Trendforscher ihre Prognosen ab. So stellte im Jahr 2009 Prof. Peter Wippermann seine Untersuchung vor, wie sich der gesellschaftliche Wandel auf die Kreuzschifffahrt auswirken wird. Er ist davon überzeugt: »Der unverwechselbare Charakter eines Schiffes gewinnt zunehmend an Bedeutung. Nicht die Destinationen, sondern die Lebenswelten der Gäste bestimmen die Reiseroute und die Ausstattung.« Seine Erwartung: Die Luxusliner der Zukunft müssten einzigartig und keinesfalls austauschbar sein.

Bei der Unterhaltung an Bord sieht er Entwicklungen voraus, die viele Gäste bedauern werden: »Die Entertainment-Angebote auf den Kreuzfahrtschiffen der Zukunft werden weniger aus den Welten der Oper, des Musicals oder der Popmusik kommen als aus den virtuellen Welten von Spielekonsolen und Online-Videogames.« Für die

Cruise Denmark
Cruise Copenhagen
HOGIA

Die großen Modelle der international bekannten Werften zeigen heute schon die Ideen von morgen.

Ausstattung der Luxusliner bedeute das: mitspielen statt zuschauen, interaktive Simulation statt reine Dekoration.

Wie bei Kongressmessen üblich, werden auch auf der Seatrade Europe alle zwei Jahre ausgeschriebene Preise für besondere Ideen, herausragende Persönlichkeiten und revolutionäre Neuerungen vergeben.

Die Aussteller nutzen Messe und Kongress für direkte Begegnungen mit Kunden. Auch Vertreter ausländischer Häfen suchen während der drei Tage in Hamburg Kontakt zu europäischen Reedereien. Thomas Spina, Director of Cruise Operations von New York Cruise, zeigte sich nach seinem ersten Besuch vor allem von der familiären Stimmung und den guten Gesprächen während der Veranstaltung erfreut: »Wir haben den Kontakt zu den europäischen Reedereien gesucht und gefunden. Immer mehr europäische Anbieter laufen New York an. Hier steckt noch viel Potenzial drin.«

Ursprünglich war die Seatrade Europe einmal als eine Veranstaltung geplant, die alle zwei Jahre in einer anderen europäischen Hafenstadt stattfinden sollte. Aufgrund der professionellen Ausrichtung in Hamburg schlossen aber das britische Verlagshaus Seatrade, das auch maritime

Kongresse veranstaltet, und die Hamburg Messe und Congress GmbH (HMC) im Jahr 2006 einen Vertrag, demzufolge sie künftig immer in Hamburg ausgerichtet werden soll. »In Zusammenarbeit mit HMC wollen wir Seatrade Europe in den bestehenden und in neuen Bereichen voranbringen und ausbauen«, erklärte seinerzeit der Seatrade-Geschäftsführer Christopher Hayman. Und Bernd Aufderheide, Geschäftsführer der Hamburg Messe und Congress GmbH, freute sich: »Mit der vereinbarten engen Kooperation haben wir auf lange Sicht eine außerordentlich spannende Kongressmesse nach Hamburg geholt. Das ist angesichts der weltweiten und europäischen Konkurrenz für Hamburg ein großer Sieg nach Punkten.«

Als Reaktion auf die Zusammenarbeit erweiterte die Hamburg Messe das Branchentreffen um einen weiteren auf nunmehr drei Tage und baute das Kongress-Programm in den Bereichen Fährschifffahrt sowie Flusskreuzfahrten und Superyachten aus.

Aber auch in den Jahren zwischen den jeweiligen Seatrade-Veranstaltungen spielen Kreuzfahrtschiffe bei Hamburger Messen eine Rolle, auch wenn sie nicht allein im Mittelpunkt stehen. Während der Weltleitmesse der Schiffbauindustrie SMM, die jeweils in geraden Jahren ausgerichtet wird, sind Technik und Ausstattung der Passagierschiffe ein wichtiger Ausstellungsgegenstand. Immerhin machen sie einen wesentlichen Teil des Auftragsbestandes europäischer Werften aus. Neu ist die zeitgleich laufende Konferenz mit dem Titel »Global Maritime Environmental Congress« (GMEC), zu der erstmals im September 2010 eingeladen wurde. Sie widmet sich ausschließlich dem Thema Umweltschutz in der maritimen Industrie. Und davon ist auch die Kreuzfahrtindustrie betroffen.

HOTEL HAFEN
Queen Mary 2

AUCH KREUZFAHRTSCHIFFE MÜSSEN INS DOCK

Der boomende Kreuzfahrtmarkt bringt auch Aufträge für die traditionsreiche Hamburger Werft Blohm + Voss. Fähren und Kreuzfahrtschiffe nehmen bei dem Unternehmen mittlerweile den größten Anteil bei Schiffsreparaturen ein. Seit dem Jahr 2000 wurden dort mehr als 100 Schiffe dieser Typen umgebaut, allein im Jahr 2009 lagen 13 von ihnen bei der traditionsreichen Hamburger Werft. Der wachsende Anteil dieses Schiffstyps an den Reparatur- und Umbauaufträgen bedeutet keineswegs, dass sie besonders reparaturanfällig wären. Vielmehr erhalten Schiffe, auf denen Passagiere befördert werden, häufiger eine neue Innenausstattung. In vielen Fällen werden dabei auch gleich technische Wartungsarbeiten erledigt und der Außenanstrich erneuert.

Blohm + Voss erhält besonders viele Aufträge dieser Art, weil die Werft für einwandfreie Arbeit und Termintreue bekannt ist. Denn eine Reederei muss sich darauf verlassen können, nach einem Umbau angekündigte Reisen auch pünktlich starten zu können. Immerhin haben Passagiere ihre Fahrten schon gebucht.

Am frühen Morgen des 9. November 2005 bestaunten die Hamburger vor diesem Dock eine navigatorische Meisterleistung. Sie hatte ursprünglich schon am Abend vorher ablaufen sollen. Bei der QUEEN MARY 2 standen die ersten Garantieuntersuchungen an. Blohm + Voss hatte diesen Auftrag gegen starke Mitbewerber aus dem In- und Ausland bekommen. Wie immer zog dieses Schiff Schaulustige an. Doch Hunderte Fans wurden enttäuscht. Das Docktor war geschlossen geblieben und die Königin fuhr weiter elbaufwärts bis zum Kreuzfahrtterminal. Südliche und südöstliche Winde hatten so viel Wasser aus der Elbe Richtung Nordsee gedrückt, dass der Wasserstand bei Hochwasser 75 Zentimeter niedriger auflief als üblich. So musste das Manöver verschoben werden.

Mit dem Licht der aufgehenden Sonne des darauffolgenden Tages löste dann die QUEEN MARY 2 ihre Leinen am Hamburger Kreuzfahrtterminal und glitt langsam mit dem Morgenhochwasser die Elbe abwärts. Die Wasserschutzpolizei hatte mit ihren Booten den Fluss abgesperrt. In Höhe der Hamburger Landungsbrücken hatten unterdessen Schlepper das schwimmende Docktor von Dock Elbe 17 beiseite bugsiert, das geflutete Dock war zur Elbseite offen.

Ohne Schlepperhilfe wollte Captain Bernard Warner das 345 Meter lange und 41 Meter breite Schiff in das 351 Meter lange und 59 Meter breite Dock steuern.

Links
Ein so großes Schiff wie die QUEEN MARY 2 einzudocken ist immer wieder eine konzentrierte Zusammenarbeit von Nautikern, Lotsen und den Mitarbeitern der Werft Blohm + Voss.

Ohne Schlepperhilfe, nur mit dem eigenen Antrieb drehte die QUEEN MARY 2 schon mehrfach in das Dock Elbe 17, das genau die richtigen Maße für den Giganten hat.

Für die wenigen Fotografen und Kamerateams, die eine Erlaubnis hatten, das Eindocken vom Ende des Docks Elbe 17 aus zu beobachten, bot sich ein einmaliges Bild. Zunächst schien es, als würde die QUEEN am Dock vorbeifahren. Dann änderte sich die Vorwärtsfahrt in eine Drehbewegung. Deutlich war zu sehen, wie die drei Strahlruder arbeiteten, das Wasser aufqirlten und sich der Bug langsam herumschob. Zuerst kaum wahrnehmbar, dann deutlicher, drehte sich das Schiff mit dem Bug Richtung Süden. Ohne jede Schlepperhilfe nahm das Schiff dann Fahrt auf und glitt langsam in das Becken von Dock Elbe 17.

Von Mannkörben der beiden Portalkräne, die auf Schienen an der gesamten Docklänge seitlich des Docks entlaufen, wurden an der Backbord- und an der Steuerbordseite Leinen übernommen. Nachdem die Verbindungen gesichert waren, zogen die Elektromotoren der Kräne an und halfen das Schiff so bis in das Trockendock hineinzusteuern. 40 Minuten später war der Wulstbug nur noch wenige Meter vom Ende des Docks entfernt, das Schanzkleid ragte weit über das Ende hinaus.

Dann wurde das Docktor wieder geschlossen, das Wasser aus dem Dock gepumpt, und das Schiff senkte sich bis auf die Pallen. Aus dem Hubschrauber betrachtet passte die QM2 so exakt in das Dock, als sei es eigens für sie gebaut worden.

Die Ausmaße des Riesenschiffes zeigten sich an diesem Morgen aber auch noch an anderer Stelle. Nebenan in Dock 10 lag das Kreuzfahrtschiff Albatros von Phoenix Reisen, das sich neben der Queen mit seinen 205 Metern Länge geradezu zierlich ausnahm.

In den nächsten Tagen leisteten die Werftmitarbeiter Präzisionsarbeit. Nach genau abgestimmten Terminplänen wurden die Maschinen und Propeller inspiziert, Rohrleitungen und Ventile überprüft und alle Rettungsgeräte einschließlich der Boote einer Musterung unterzogen. Damit waren rund 400 Mitarbeiter der Werft und von Zulieferunternehmen, etwa 700 Mann Besatzung und weitere 500 von der Reederei verpflichtete Mitarbeiter beschäftigt.

Pünktlich, wie es dem Ruf von Blohm + Voss entspricht, war die Dockzeit in den frühen Morgenstunden des 19. November 2005 beendet, und die QM2 lief elbabwärts mit Kurs auf Southampton aus.

Im Jahr 2006 kam die Queen erneut und diesmal unvorhergesehen zu Blohm + Voss. Sie war am 17. Januar 2006 während einer Reise von New York nach Rio de Janeiro im Hafen von Port Everglades, dem Hafen von Fort Lauderdale, mit einem Unterwasserhindernis kollidert. Was es war, konnte bis heute nicht festgestellt werden.

Commodore Warwick entschied sich, die Reise fortzusetzen, da es sich um den äußeren Backbordantrieb handelte, der ohnehin nicht drehbar war, also auch für die Steuerung des Schiffes nicht benötigt wurde. Vorschriftsgemäß musste er den Vorfall jedoch der US-Küstenwache melden. Die verlangte, die QM2 müsse umgehend in den Hafen zum Terminal 21 zurückkehren. Taucher stiegen im Heckbereich des Schiffes ins Wasser, untersuchten die Pods und stellten tatsächlich Beschädigungen an einem der Antriebe fest. Ansonsten aber sei das Schiff intakt. Da die beiden für das Steuern des Schiffes notwendigen drehbaren Antriebe aber voll funktionsfähig waren, galt das Schiff als manövrierfähig und erhielt 48 Stunden später die Genehmigung zum Auslaufen.

Auch ohne den beschädigten Antrieb erreichte die QM2 noch immer eine Geschwindigkeit von 25 Knoten.

Queen Mary 2
SOUTHAMPTON
ARTEMIS
SECURITY WARNING
M+VOSS DOCK ELBE 17

Sie konnte also ihr weiteres Kreuzfahrtprogramm wie geplant abwickeln. Dazu gehörte auch eine Umrundung von Kap Hoorn, das zu den berüchtigsten Seegebieten der Erde zählt. Der Name weckt sofort eine Reihe von Assoziationen, von harten Seemännern, wilder See und starken Segelschiffen. Das Schiff musste diese stürmische Route wählen, weil es wegen seiner Größe nicht durch den Panama-Kanal fahren kann. Wie ausreichend die Antriebsanlage der Queen Mary 2 dimensioniert ist, zeigte sich, als das Schiff trotz einer fehlenden Antriebsgondel die Umrundung dieses schwierigen Seegebietes problemlos schaffte und den Pazifischen Ozean erreichte.

Begeistert wurde das Schiff am 23. Februar 2006 im Hafen von Long Beach an der amerikanischen Westküste begrüßt. Dort traf die Queen Mary 2 zum ersten Mal mit der ersten Queen Mary zusammen, die dort seit 1971 als Hotelschiff liegt.

Unterdessen war die Frage noch immer ungeklärt, wie der beschädigte Antrieb repariert werden sollte. Tatsache war, die Reparatur würde so viel Zeit in Anspruch nehmen, dass eine ganze Kreuzfahrtsaison ausfallen müsste, wenn das Schiff währenddessen im Dock liegen bleiben würde. Also entschloss sich die Reederei, das Schiff einzudocken, den Antrieb für die Reparaturzeit entfernen zu lassen und die vorgesehene Kreuzfahrtsaison im Mittelmeer mit nur drei Gondeln zu absolvieren.

Den Zuschlag für diese Arbeiten erhielt erneut die Hamburger Werft Blohm + Voss, für die Reederei Cunard waren die guten Erfahrungen mit dem Hamburger Unternehmen ausschlaggebend.

Am 6. Mai 2006 also sollte die Queen Mary 2 wieder in Dock Elbe 17 trockengestellt werden, wie Schiffbauer es ausdrücken. Das Schiff kam wie bestellt, genau an dem Wochenende feierten die Hamburger ihren 817. Hafengeburtstag. Es waren also ohnehin mehr als eine Million Menschen an der Hafenkante. Und bei einem so spektakulären Manöver war zu erwarten, dass die Zahl nun noch übertroffen werden würde.

Aber es gab doch noch einige Probleme zu lösen. Für das Eindocken benötigt die QM2 die gesamte Breite der Elbe. Da sich während der Feier aber üblicherweise Tausende von Menschen auf den Landungsbrücken aufhalten, mussten diese während des Dockvorgangs gesperrt werden. Keine leichte Aufgabe für die Wasserschutzpolizei.

Die zweite Schwierigkeit war der Zeitpunkt, zu dem das Dockmanöver gefahren wurde. Das konnte bei einem so großen Schiff nur während des Hochwasserstandes gefahren werden.

Der Blick in den Tidenkalender zeigte das Problem: Hochwasser war am 6. Mai 2006 um 23 Uhr. Zugleich auch der Zeitpunkt, zu dem traditionell das große Feuerwerk zum Hafengeburtstag abgebrannt wurde, also mit weiteren Zuschauermassen zu rechnen war. Insgesamt besuchten diesen Hafengeburtstag eineinhalb Millionen Menschen.

Doch die Stadt Hamburg bewies, dass sie durchaus ein großes Volksfest und ein spektakuläres Schiffsmanöver zur gleichen Zeit bewältigen kann. Präzise, wie schon beim ersten Mal, schob sich die QM2 ins Dock Elbe 17, die Zuschauer an der Hafenkante waren begeistert und als die Queen über den Pallen aufstoppte, explodierten am Himmel die ersten Sterne des Feuerwerks. Es war einfach ein gigantisches Spektakel, das so wirkte, als sei es eigens für dieses Lieblingsschiff der Hamburger arrangiert worden.

Links
Während des Hafengeburtstages 2006 gehörte die im Dock liegende Queen Mary 2 zu den größten Attraktionen des Festes.

In den darauffolgenden Tagen nahmen Mitarbeiter der Werft die beschädigte Antriebsgondel ab, ein Schwimmkran hob sie zur Reparatur aus dem Dock. Schon 77 Stunden später lief die QUEEN MARY 2 wieder elbabwärts zu ihrer nächsten Kreuzfahrt ins Mittelmeer aus, angetrieben von nur noch drei Pods. Die Entscheidung der Reederei, das Schiff sehr stark zu motorisieren, zahlte sich aus.

Es war ein kalter Novemberabend des Jahres 2006 mit scharfem Wind, als die QUEEN MARY 2 erneut elbaufwärts kam, um ihren inzwischen reparierten Antrieb wieder abzuholen. Während der nächsten Tage setzten die Mitarbeiter von Blohm + Voss nicht nur die Antriebsgondel wieder an, sie verbreiterten auch die beiden Nocken der Brücke, damit die Nautiker einen besseren Blick nach achtern haben könnten.

In der Vergangenheit haben auch einige Reeder ihre neu gebauten Schiffe bei Blohm + Voss trockenstellen lassen,

Die Freedom of the Seas kam nach Hamburg in die Werft, bevor sie an ihren Eigner abgeliefert wurde. Dabei untersuchten Werftmitarbeiter sie nicht nur auf Eisschäden, sondern führten auch noch restliche Arbeiten aus.

Es hört sich abenteuerlich an, ein Schiff auseinanderzuschneiden und ein neues Segment einzufügen. Aber ein Schiff wird auch beim Bau schon aus mehreren Segmenten zusammengeschweißt. So ist das technisch kein Problem.

um den Unterboden untersuchen zu lassen, bevor sie den Neubau übernahmen. Das war beispielsweise Ostern 2006 der Fall, als die Freedom of the Seas die Bauwerft Aker im finnischen Turku verlassen hatte, der Hafen aber noch vereist war und das Schiff 67 Seemeilen zwischen kleinen Inseln sowie engen Kanälen und schmalen Durchfahrten durch Eisschollen fahren musste. Nun sollte in der Hamburger Werft untersucht werden, ob der Unterwasseranstrich noch immer einwandfrei war oder die Pod-Antriebe dabei beschädigt worden waren. Außerdem waren vor der Ablieferung an die Reederei Royal Caribbean Cruise Line noch Restarbeiten zu erledigen.

Wegen seiner enormen Ausmaße eignet sich Dock Elbe 17 auch dafür, ein Schiff um eine Sektion zu erweitern. Einen solchen Auftrag, ein Schiff um etwa 30 Meter auf 217 Meter zu verlängern, vergab die Reederei Fred. Olsen Line im Jahr 2007 an Blohm + Voss. Es ist ein gutes Beispiel, wie eine Reederei bei dem Markttrend zu größeren Schiffen mithalten kann, ohne gleich einen Neubau in Auftrag zu geben.

Die heutige Balmoral, benannt nach einer schottischen Siedlung, in der auch Balmoral Castle steht, die Sommerresidenz der britischen Königsfamilie, war 1988 bei der Meyer Werft in Papenburg gebaut worden. Auftraggeber war seinerzeit die Royal Cruise Line, die das Schiff auf den Namen Crown Odyssey taufte. Ein Jahr später wurde Royal Cruise Line aufgelöst und ging in der Norwegian Cruise Lines auf. Das Schiff wechselte seinen Namen in Norwegian Crown. 2006 kaufte die dänische Reederei Fred. Olsen die Norwegian Crown und vercharterte sie an die Reederei Star Cruises. Während der Umbauten auf der Hamburger Werft wechselte das Schiff seinen Namen dann in Balmoral.

Zwischen der traditionsreichen Hamburger Werft und Vertretern der Reederei Fred. Olsen, die bereits seit vielen

Für das Zerschneiden des Schiffes setzte die Werft Handkreissägen ein.

Der Kapitän stellte sich für den Fotografen in Positur, als würde er die Schiffshälften auseinanderdrücken.

Jahren Kunde des Schiffbau-Unternehmens ist, wurde am 5. April 2007 nach mehr als zwei Jahre dauernden Verhandlungen bei einem Treffen in Madrid der Vertrag zur Verlängerung des Schiffes unterzeichnet. Blohm + Voss gab gleich danach der Schichau Seebeck Werft in Bremerhaven den Auftrag zum Bau einer 30,20 Meter langen Mittschiffssektion. Auf den Anlagen der eigenen Werft an der Elbe waren dafür keine Kapazitäten frei. Mit der Veränderung von Schiffslängen aber haben die Hamburger Schiffbauer Erfahrung. Im Jahr 1994 nahmen sie aus drei Containerschiffen der US-Reederei Sea-Land jeweils 28 Meter lange Teile heraus. Danach waren die Schiffe nur noch 261 Meter lang. Der Containerboom des 21. Jahrhunderts mit seinem Bedarf an großen Schiffen war noch nicht abzusehen.

Im Jahr 2006 baute Blohm + Voss in drei Papierfrachter jeweils 20 Meter lange Mittelstücke ein. Das dauerte pro Schiff nur 28 Tage, obgleich saubere Feinarbeit zu leisten war, denn alle Schweißnähte mussten einwandfrei glattgeschliffen werden, damit die empfindlichen Papierrollen im Seegang nicht an scharfen Graten beschädigt wurden.

So schnell ließ sich die Verlängerung eines Passagierschiffes nicht bewerkstelligen, denn mit der Vielzahl der Kabinen, Gänge und sanitären Einrichtungen fiel dabei wesentlich mehr Arbeit an, als bei den großflächigen Laderäumen von Papiertransportern. Die neue, bereits schwimmfähige Mittschiffssektion der BALMORAL lief bei der Seebeckwerft am 6. Oktober 2007 in traditioneller Weise vom Stapel. Am 30. Oktober traf sie, gezogen von zwei Schleppern, vor dem Tor von Dock Elbe 17 ein, in dem sie trockengestellt wurde.

Am 5. November gingen in New York rund 100 Mitarbeiter von Blohm + Voss an Bord der NORWEGIAN CROWN. Sie sollten während der Überfahrt von der Neuen zur Alten Welt alles dafür vorbereiten, das Schiff im Hamburger Dock buchstäblich in der Mitte zu zersägen. Sie nahmen

Rechts
Zwei Schiffe in einem Dock ist ein seltener Anblick. Hier liegen AMADEA und ALBATROS in Dock Elbe 17, bevor sie jeweils eine Weltreise antraten.

Wand- und Deckverkleidungen ab, trennten ungefähr 2.000 Kabelverbindungen. Dabei mussten sie darauf achten, diese zu kennzeichnen, dass sie nach der Verlängerung wiedergefunden und richtig mit den neuen Verbindungen verbunden werden konnten. Einfacher war es bei den rund 40 Rohrleitungen, weil sie größere Durchmesser hatten.

Am 16. November traf die NORWEGIAN CROWN vor Dock Elbe 17 ein. Nun war zentimetergenaue Maßarbeit mit mehreren tausend Tonnen schweren Lasten gefordert. Das Dock Elbe 17 ist 59,20 Meter breit. Der Schiffsrumpf und die Mittschiffssektion bringen es auf jeweils 28,21 Meter Breite. Für die Verlängerung mussten beide im Dock nebeneinander manövriert werden. Da blieb zwischen Dockwänden und den beiden Schiffsteilen jeweils noch nicht einmal ein Meter Platz. Doch das Manöver glückte.

Nachdem die NORWEGIAN CROWN trockengestellt war, setzten die Mitarbeiter der Werft diamantbesetzte Kreissägen an. Von Hand sägten sie 1.500 Meter Trennschnitte, dann lagen zwei halbe Schiffe im Dock.

Vorschiff und Mittelteil waren beim Leerpumpen (Lenzen) des Docks auf teflonbeschichteten Schienen abgesetzt worden. Sie sollten das Verschieben der einzelnen Schiffsteile erleichtern. Das Vorschiff wog allein 9.000 Tonnen, das neue Mittelschiff 3.500 Tonnen.

Dann setzten hydraulische Pressen an und schoben das Vorschiff Meter um Meter nach vorn. Das ging stückweise, denn nach knapp einem Meter mussten die Pressen auf den Schienen versetzt werden, um das nächste Stück schieben zu können. Als die Lücke groß genug war, setzten die Pressen seitlich an, um das Mittelstück in das Schiff zu schieben. Das dauerte eine Nacht. Nachdem die Schweißer ihre Arbeit beendet hatten und nun ein 217 Meter langes Schiff im Dock lag, mussten andere Mitarbeiter der Werft wieder alle Kabelverbindungen finden und verbinden. Einschließlich der Mitarbeiter von Zulieferfirmen waren bei diesen Arbeiten 250 Menschen beschäftigt.

Menschen, die in der Schifffahrt beschäftigt sind, lieben zeremonielle Handlungen. So gab es in einem Zelt neben dem Dock an jenem Tag, als der Rumpf vollständig zersägt war und damit begonnen werden konnte, ihn auseinanderzuschieben, eine Torte in Form des Schiffes. Eine kleine Torte, in die jedoch nach dem Zerschneiden ein Mittelstück eingeschoben wurde und sie damit verlängerte, so dass sie für alle Zuschauer des technischen Spektakels ausreichte.

Am 18. Januar ging die NORWEGIAN CROWN unter dem neuen Namen BALMORAL auf Probefahrt, am 22. Januar wurde sie an die Reederei abgeliefert. An Bord war nach der Verlängerung noch immer Platz für 1.360 Passagiere, aber anstelle in zweistöckigen Betten zu schlafen, gab es nun in allen Kabinen Betten, die nebeneinander stehen. Reedereien und Werft hatten keinen Aufwand gescheut, um den Passagieren künftig mehr Komfort zu bieten.

Zwei Schiffe nebeneinander in einem Dock, das ist nahezu einmalig. Zu sehen war es aber im Dezember 2009 in Dock Elbe 17. Mit drei Schleppern und einer Anzahl zusätzlicher Fender wurden Anfang Dezember die beiden Kreuzfahrtschiffe AMADEA und ALBATROS nebeneinander bugsiert. Doch das Dock hat schon ganz andere Belastungsproben hinter sich, als zwei Schiffe, die zusammen 50 Meter breit sind. Die AMADEA hat in der Werft einen neuen Spa-Bereich erhalten. Bei der ALBATROS wurden die Kabinen aufgefrischt. Die Arbeiten dauerten bis kurz vor Weihnachten, dann traten die beiden Schiffe Weltreisen an, die auf unterschiedlichen Routen jeweils rund 140 Tage dauerten.

BLOHM + VOSS DOCK ELBE 17

Arbeiten an Kreuzfahrtschiffen werden bei Blohm + Voss immer wieder in Auftrag gegeben. Die Werft ist für ihre Termintreue weltweit bekannt.

AUCH HÄUFIGE GÄSTE BRAUCHEN EINEN LOTSEN

Mit einem herzlichen Handschlag begrüßt Kapitän Hagen Damaschke an Bord des Kreuzfahrtschiffes Europa den Hafenlotsen Jan Peter, der während der Fahrt vom Kreuzfahrtterminal HafenCity bis nach Teufelsbrück als revierkundiger Berater mit auf der Kommandobrücke steht. Der Begrüßung folgt ein Fachgespräch unter Nautikern in der Steuerbordnock über die Vorzüge des Pod-Antriebs der Europa, der zugleich die Steuerung darstellt. Die zwei um 360 Grad drehbaren Gondeln mit nach vorn weisenden Propellern ziehen das Schiff gewissermaßen voran und erlauben präzise Manöver auch bei geringer Fahrt auf engem Raum.

Doch an diesem Tag helfen auch die sonst so bewährten Pods nicht. Der kräftige Südwestwind drückt die Europa gegen die Kaimauer vor dem Kreuzfahrtterminal HafenCity. Kapitän Damaschke hat deshalb zwei Schlepper angefordert, die beim Ablegemanöver assistieren.

Den Hamburger Hafen kennt Damaschke gut, er ist rund fünfmal pro Jahr in dem Elbhafen. Braucht man da überhaupt noch einen Hafenlotsen, oder wird nur einer Vorschrift Genüge getan?

Hagen Damaschke: »Sicherlich kenne ich den Hamburger Hafen. Aber die Situation in einem Hafen ändert sich auch ständig. Die Lotsen sind immer auf dem aktuellen Stand. Da bin ich froh, wenn ich deren Beratung in Anspruch nehmen kann.«

Rechte Seite
Vor Teufelsbrück geht der Lotse von Bord.

Das Ablegemanöver am Kreuzfahrtterminal HafenCity ist eine Attraktion für die Passagiere der EUROPA.

Unten
Kapitän Hagen Damaschke weist den Hafenlotsen Jan Peter in die Besonderheiten seines Schiffes ein.

Für Hafenlotse Jan Peter ist ein Schiff ein Schiff, ganz gleich, ob es Container befördert oder Passagiere. Die guten Manövriereigenschaften der EUROPA aber beeindrucken auch ihn. Vor dem Ablegen holt er sich den Wetterbericht, lässt sich die genaue Zahl der Menschen an Bord geben und technische Angaben, wie beispielsweise den Tiefgang. Bei der EUROPA sind das 6,20 Meter.

Dann folgt das Ablegemanöver, das besonderes für die Passagiere spannend ist. Sie stehen auf allen Decks mit Blick auf Hafen und Elbe und genießen bei warmen Abendtemperaturen die Attraktion.